KB206380

마흔으로 산다는 것

마흔으로 산다는 것

인생 후반전,
마흔 이후를 즐겁게 사는 습관

· 박형근 지음 ·

미래북
miraebook

40대 후반부터 진짜 인생이 시작된다

심리학자들에 의하면 예전에는 인생을 3단계로 나누어 구분했다고 한다. 성장기, 활동기, 은퇴기가 그것인데 이제는 네 단계로 나뉘어야 하지 않을까 싶다. 첫 단계는 양육되고 학교에 다니면서 지식을 배우는 시기이고, 두 번째 단계는 일하고 벌고 가정을 꾸미는 단계이다. 세 번째 단계는 2차 성장기이고, 마지막으로 네 번째 단계는 노화의 시기이다. 40대부터 70대 또는 80대까지의 30~40년 기간은 서드 에이지에 속하며 이 시기를 다른 말로 '2차 성장기'라고 부른다.

우리가 잘 알고 있는 심리학자 융은 '40대에는 마음에 지진이 일어난다'고 말했다. 마음이 흔들리기 시작한다는 것이다. 제2차 성장기임에도 불구하고 말이다. 20~30대에는 '이건 마음에 들고, 이건 싫고'를 너무 따지게 되는 경향이 있는데, 내 입맛에 맞지 않아도 열심히 살아야 한다. 이 사회가 나에게 요구하는 일도 해보고, 돈도 벌고 애도 낳고 집도 장만하는 활동이 필요하다.

그러나 중년의 나이가 되면 한 가지 신호가 오는데, 40대에 찾아오는 이 신호는 구체적이고 의지가 있는 생각의 형태로 찾아오는 게 아니다. '지금까지 삶의 기반을 잘 다져놓았으니 이제 자아실현 좀 해보자'는 식의 느낌은 더더욱 아니다. 어느 날 집에 도둑이 들어와서 귀중한 물건을 훔쳐 갔을 때의 느낌처럼 세상이 낯설게 느껴지고 세상이 무채색으로 변한다. 그리하여 마음이 흔들리기 시작하는 것이다. 멀쩡하게 잘 다니던 직장이 무의미하게 느껴지고 사표를 만지작거리는 일이 많아진다.

이렇게 방황하게 되는 40대에는 '앞으로 남은 세월, 그것도 인생의 절반이나 남은 삶을 어떻게 살아야 할까?' 하는 고민을 할 수밖에 없다. 10대에는 부모님이나 하다못해 친구의 조언이라도 구할 사람이 있었다. 그러나 40대는 철저히 혼자인 경우가 많다. 이제는 스스로 답을 찾아야 하는 것이다. 마음이 흔들린다는 것은 무언가 내게 찾아 왔다는 신호다. 따라서 마음에서 답을 찾아야 한다. 그런데 마음에서 답을 찾지 않고 엉뚱한 곳에 빠져들거나 시간을 헛되게 쓰는 40대도 분명 존재한다. 이런 경우는 실패한 것이나 마찬가지다. 문제를 해결하지 못했기 때문이다.

필자는 40대만이 자신에게 줄 수 있는 '55가지 습관'을 통해 그

답을 찾아보려고 했다. 40대라고 해서 누구나 똑같은 고민과 문제가 있다는 보장이 없다. 자라온 배경과 주어진 여건에 따라 자신에게 닥친 가장 큰 고민거리와 문제는 다를 것이다. 그 주제들을 7가지로 구분하여 그 문제로 고민하는 40대에게 해답을 주어 남은 삶의 방향을 찾을 수 있도록 했다. 본서에 제시한 답이 문제를 해결하는 마법과 같은 해답이 아니더라도 고민을 조금이나마 덜어주고 앞날을 밝혀 주리라 믿는다.

인생의 한 분기점에 서 있고, 앞으로의 삶에 대해서 고민하는 40대에게 좀 더 보람 있고 후회 없는 진짜 인생을 사는 데 본서가 좋은 길잡이가 되어줄 수 있다면 그보다 더 큰 기쁨이 없을 것이다.

40대들에게 다시 한 번 파이팅을 외친다.

박형근

Contents

01

제2의 인생을 꿈꾸는 마흔에게

: 우리의 미래는 지금부터다

마흔은 인생에서 이룰 수 있는 것을 모두 이루고
적잖은 것들이 갖춰진 나이로 생각되지만
또한 이제야 제대로 마음먹고 뭔가에 도전해볼 수 있는
전환점이 되는 때이기도 하다.

: 우리의 미래는 지금부터다

인생의
전환점에 선 40대

오늘날 40대들은 대부분 경쟁의 소용돌이 속에 내몰려 자신을 되돌아볼 여유도 없고 인생이 무엇인지도 모른 채 허둥대며 살았다. 또한 자신의 진정한 목표와 비전을 생각하기도 전에 사회 분위기에 편승해 살아온 사람들이다. 그들은 자신의 재능과 어울리지 않는 직장에 취업하고, 결혼을 하고, 가장이 되어 가족을 부양하면서 살다가 어영부영 세월이 흘러 40대에 이르게 된 것이다. 다시 말해, 이들은 정해진 시스템에 복종하면서 살아온 셈이다.

그러나 다행인 것은 오늘날 40대는 윗세대, 즉 부모의 노력 덕분에 최초로 배고픔을 모르고 살아왔다. 큰 어려움 없이 대학을 졸업하여 쉽게 취직하고 안정된 직장생활을 하며 탄탄대로를 달려온 것이다. 그러던 그들이 IMF를 맞이하면서 지금까지 깨닫지 못한 최고의 위기를 느끼게 되었고, 변화하지 않으면 안 된다는 것을 깨닫게 되었다. 걱정하지 않아도 될 것처럼 보이던 직장생활에 느닷없이 '명퇴'라는 이름의 칼바람이 불어닥치기 시작했기 때문이다.

수많은 젊은이들이 거리로 쫓겨났고, 운 좋게 살아남은 자들은 생존을 위해서 밤낮을 가리지 않고 일해야 했다. 그 결과 오늘날 40대에 이르러서 회사에서는 간부급 자리에 앉게 되었고, 결혼 시기에 따라 차이가 있지만 평균적으로 초등학교에서 중학교에 다니는 자녀를 교육시켜야 하는 무거운 짐을 양어깨에 짊어지게 되었다.

80세가 평균 수명인 오늘날, 40대는 살아온 세월만큼 살아야 할 중간에 서 있는 세대다. 따라서 앞으로 40여 년 가까이를 어떻게 살아야 할 것인지가 문제다. 이제부터 앞으로 살아온 만큼 더 살아야 하는데 현실은 그렇게 녹록치 않다는 것에 더 큰 문제가 있다.

40대에 들어서면서 '아차!' 하는 생각이 든다. 100세 시대라고 하는데 불현듯 '건강하고 활기차게 살 수 있는 날이 얼마나 될까?' 하는 생각이 든다. 그리고 여태껏 아무것도 이뤄놓은 것이 없다는 생각에 갑자기 마음이 조급해진다. 회사의 동기들은 나보다 윗자리를 꿰차고는 어깨에 힘을 주고 다닌다. 게다가 후배들은 빠르게 치고 올라온다. 언제 내 자리를 빼앗을지 불안하기만 하다.

어디 그뿐인가. 고등학교 때 학교 성적이 나와 비교도 되지 않던 친구들이 사업을 해서 몇 억 원이나 하는 빌딩을 샀다는 소리가 들린다. 동창회조차 나가기가 싫어진다. 이래저래 몸은 직장에 있으면서도 얼마 못 가 명퇴를 당해 직장마저 잃지는 않을까 걱정하며 40대 이후를 어떻게 보내야 하는지의 대한 고민들로 가득 차 있다.

그러면 40대는 어떻게 살아야 할까? 위아래 눈치를 보면서도 지금까지 누려온 자리를 보전하면서 안정된 자리를 유지할 것인가, 아니면 안정된 자리를 박차고 뛰어나가 새로운 길을 찾아 다시 도전할 것인가?

40대 중대한 기로에서 뭔가를 결정하기 전에 해야 할 일이 있다. 어설프게 살아온 과거를 되돌아보면서 점검하고 현재 자신이 놓인 현실을 냉철히 분석하면서 미래를 결정하는 것이다. 적어도 '고등학교 졸업 후 취직해서부터 오늘날 40대에 이르기까지 사회생활에서 한 치의 부끄러움도 없이 당당하게 살아왔으며, 동료나 어느 누구와 비교해도 손색이 없을 만큼 열심히 일해 왔으므로 현재 상황이 조금은 힘들고 불만이 있지만 좀 더 참고 인내하면 충분히 이겨나갈 자신이 있느냐' 하는 것이다. 다시 말해, '현재 상황이 계속 이어져도 앞으로 남은 40년을 이전과 다름없이 후회하지 않고 살 수 있겠느냐' 하는 것이다. 아니면 과거를 되돌아볼 때 실패의 연속이었으며, 현재 당면한 상황을 분석할 때 이대로는 희망이 없고 새로운 길을 찾아 도전하여 제2의 인생을 살아야 하겠다고 생각하고 있는가?

흔히 마흔은 인생에서 이룰 수 있는 것을 모두 이루고, 적잖은 것들이 갖춰진 나이라고 생각하기 쉽다. 그러나 마흔이 되어 본 사람들이라면 안다. 어쩌면 모든 것이 갖춰진 나이라기보다 이제야 제대로 마음먹고 뭔가에 도전해볼 수 있는 전환점이 되는 때라는 것을 말이다.

우리는 40대, 인생에서 가장 중요한 변곡점을 맞이했다. 아무런 생각 없이 살던 대로 살면서 좋은 일이 일어나기를 기다리면 밝은 미래가 아니라 고난의 노후가 소리 없이 나타날 수 있다. 그동안과 똑같은 삶을 살 것인가, 아니면 새로운 꿈을 가지고 예전과 다른 사고방식과 자세로 살 것인가를 결정해야 할 때다.

40대, 일탈의 꿈을
실현하는 시기다

우리는 모두 살아가는 동안 여러 가지 꿈을 갖는다. 예전에 우리가 초등학교에 다닐 때는 '대통령'에서부터 이제 모든 국민의 소원이 되어버린 '부자'에 이르기까지 다양한 꿈을 갖고 있다. 가장 최근에 조사한 바에 따르면 초중고생의 꿈 순위를 집계한 통계에서 인터넷방송진행자(유튜버), 뷰티 디자이너 등이 새롭게 순위권에 진입했다고 한다. 시간이 지남에 따라 선호하는 꿈도 서서히 바뀌어가고 있는 추세다.

꿈은 크게 두 가지로 분류할 수 있는데, 하나가 '순응하는 꿈'이라면 다른 하나는 '일탈하는 꿈'이다. 전자는 기존의 가치와 체제 속에서 뭔가를 성취하려는 꿈인데, 즉 자신의 삶을 기존의 시스템에 맞춰가려는 꿈이다. '공부를 열심히 해서 좋은 대학에 가고 대기업에 들어가겠다, 고시에 합격해서 판검사가 되겠다, 사업에 성공해서 부자가 되겠다' 등이 모두 이 부류에 속한다.

반면에 일탈하려는 꿈은 다르다. 그것은 주어진 틀에 순응하는 것이 아니라 오히려 그 틀을 뛰어넘거나 깨뜨리거나 최소한 주어진 틀에 저항하려는 꿈이다. 크게는 창작으로 새로운 세계를 구축하려는 예술가들의 꿈에서부터 작게는 주변에서 가끔 볼 수 있는 괴짜들의 이상한 꿈이다. 어느 쪽의 꿈이 옳다거나 그르다고 판단할 수 없다. 우리에겐 이 두 가지의 꿈이 모두 필요하다. 전자는 주로 20대들이 꾸는 꿈이라면, 후자는 40대들이 꾸는 꿈이다. 그런데 오늘날의 40대들은 이런 꿈조차 갖기가 어렵다. 40대들은 대부분 결혼하여 자녀들이 한두 명씩 있어서 사교육비는 점점 늘어가고 노후계획도 없이 한 달 벌어서 한 달 먹고사는 '한 달 인생'이다. 얼마나 벌어야 먹고사는 데 걱정 없이 살 수 있는지 가늠할 수 없는 처지다. 이런 형편에서 일탈하는 꿈을 꾸고, 그 꿈을 이룬다는 것은 보통 힘든 일이 아니다.

시험점수와 학벌, 각종 스펙과 연봉, 재테크와 아파트 평수, 자동차 배기량이 사람의 모든 가치를 결정하는 현실 속에서 그런 현실을 뛰어넘어 지금까지 이어온 삶을 일탈하는 두 번째 꿈을 갖기가 얼마나 힘든지는 모두 잘 알고 있다. 그렇기에 그런 꿈을 갖는 사람들은 현실과 동떨어진 괴짜로 보인다.

더욱이 초등학교에 입학할 때부터 한 번만 한눈을 팔아도 평생 인생의 낙오자가 되기 십상인, 치열한 경쟁 속에서 경제적 가치가 모든 것을 압도해버리는 신자유주의 천국인 한국에서 이런 꿈을 꾸기란 더더욱 힘든 것이 현실이다. 하지만 그렇게 삶이 팍팍해지고 숨통이 조여 올수록 금지된 꿈을 향한 40대의 몸부림은 더욱 거세질 것이다. 그 어떤 현실적 성공이나 성취로도 대체하거나 보상받을 수 없는 꿈, 더욱더 많이 소유하겠다는 것이 아니라 가진 것마저 내려놓고 다른 눈으로 자신을 되돌아보는 꿈, 이제 40대들은 그 꿈을 꿀 때가 된 것이다.

배우로 잘 알려진 배우 유준상 씨는 마흔이 넘어 자신의 진짜 꿈의 장르에 도전했다. 그동안 배우로서 드라마와 영화, 뮤지컬 장르에서 활동하며 자신의 존재감을 펼쳐 온 그는 40대에 접어들자, 가수에 도전했다. 그가 음악에 관심을 가지게 된 것은 중학교 때로 거슬러 올라간다. 기타와 피아노를 배우고 고등학생 때는 밴드에서 활동할 만큼 음악에 대한 열정이 불타올랐지만 배우로서의 활동과 가정생활에 치여 잊고 있었던 것이다. 첫 음악앨범이 나온 것이 44세였고, 50세가 다 된 그는 이제 5장의 음반을 발표했을 만큼 꾸준히 자신의 꿈을 이루며 결과물을 쌓아가고 있다.

또 다른 예도 있다.

『열정으로 이룬 꿈, 마흔도 늦지 않아』라는 책을 쓴 이철희 작가는 43세라는 나이에 정식으로 은행원의 꿈을 이루었다. 처음에는 은행의 운전기사로 시작했지만, 그리 높지 않은 학력, 수많은 장애물을 극복하고 '은행원'이 되겠다는 꿈을 마음에 품은 채 한 걸음씩 차분히 자신의 꿈을 향해 걸었다. 드디어 은행의 정식 직원이 된 지 10년 만에 이철희 작가는 은행원의 꽃이라 불리는 지점장의 자리에 올랐고, 스스로 그토록 바라던 그림을 창조해냈다.

이제는 정년퇴임하여 '이철희열정연구소'를 세웠고, 열정과 긍정에너지로 꿈을 찾는 이들에게 훌륭한 멘토로 활동하고 있다.

이처럼 40대가 꾸어야 할 그 꿈은 지금까지 살아온 궤도를 그대로 답습해서 밟아가는 것이 아니라 생각 없이 살아온 삶의 궤도를 잠시나마 벗어나 자신을 위해서 사는 꿈을 꾸는 것이다.

마흔으로 산다는 것

정신적으로
좀 더 성숙해져라

'철이 든다'는 말이 있다. 그것은 나이를 먹는다고 해서 드는 것도 아니고 성공한다고 해서 드는 것도 아니다. 세상살이에서 어느 정도 사리 분별을 할 줄 알고 무엇이 옳고 그른지 어렴풋하게나마 판단할 줄 아는 상태에서 행동하면 대개 '철이 들었다'고 표현한다. 40대 이후의 삶에서 과거와는 전혀 다른 생활을 하고, 이전보다 더 큰 행복을 느끼기 위해서는 정신적으로 좀 더 성숙해질 필요가 있다. 즉 철이 들어야 한다는 것이다. 그럴 때 우리의 마음은 한결 너그러워질 수 있다. 정신적으로 성숙해진다는 것은 다양한 의미가 있을 수 있으나 우선 다음의 몇 가지를 생각해보자.

첫째, 상대의 모호함을 포용할 줄 아는 관대함이다. 모호하다는 것은 상대를 만났을 때 그가 나에게 우호적인지 아니면 적대적인지를 모르는 경우다. 이럴 때 정신적으로 성숙하지 못한 사람은 상대를 재빨리 '내 편'과 '네 편'으로 나누어 사람을 이분법으로 대하려고 한다. 물론 내가 빨리 결론을 내어도 상대가 계속 모호한 태도를 취하는 경우가 많다. 이럴 때 성숙하지 못한 사람은 답답함을 느낀다. 그리고 상대가 계속 모호한 태도를 취하면 이렇게 결론을 내린다.

"그래, 나 하고는 끝장이다 이거지. 좋아! 가!"

그러나 성숙한 사람은 상대의 모호한 태도를 견뎌낸다. 사실 인생 자체가 모호하지 않은가. 인생에서 만난 상대가 내 편일 수도 있고, 아닐 수도 있는 이 불확실성을 견딜 수 있어야 한다. 성숙한 사람은 빨리 답을 주지 않는 인생에 대해서 참고 기다릴 줄 안다. 무엇인가에 대해 'A'인지 'B'인지 꼭 확정지을 필요는 없다. A여도 괜찮고 B여도 괜찮다는 여유를 가질 필요가 있다.

둘째, 상대방을 믿는 마음이 크다. 정신적으로 성숙한 사람들은 상대를 믿는다. 예를 들어 남편이 몇 시에 어디를 갔다 왔는지 알고 싶어 하는 것이 아니라 상대에게 나름대로의 시간과 자유를 주는 것이다. 상대가 무엇인가를 마음대로 할 수 있도록 내버려 두는 것이다.

상호의존이란 개별적으로 독립된 인격체임을 인정하면서도 함께하고, 나아가 혼자서 살 수 있는 독립적인 힘을 갖고 있는 관계를 말하는데, 40대에 들어선 부부관계 또는 인간관계에서도 이와 같이 상호의존적이어야 한다. 그렇게 할 때 행복한 40대 이후를 맞이할 수 있다. 40대 이후는 서로를 구속하지 않으면서도 의존하는 것이 자연스럽고 행복한 상태다.

직장에서도 마찬가지다. 사장이 직원들을 믿고, 직원들 역시 사장을 믿어야 좋은 분위기의 일터가 된다. 서로를 의심하거나 불신하는 마음을 가지면 함께 일을 하더라도 좋은 성과가 나타나지 않으며 일터의 분위기도 삭막해진다. 적당한 자율성을 부여하는 것은 개인에게도 집단에게도 더없이 유익하다.

국내뿐만 아니라 해외에서 더욱 유명한 아이돌, 방탄소년단을 알 것이다. 그들을 키운 대표는 수많은 히트곡을 작곡한 사람인데도 이제 막 가수가 된 아이돌에게 작곡에 대한 자율성을 주었다. 그것이 비록 말이 안 될지라도 경험하게 하는 것이다. 그는 "자율성을 주면 역량은 따라온다"고 말했다. 작사와 작곡에 경험이 없더라도 계속해서 기회를 주었던 것이다. 생각해보면 그가 어린 친구들에게 부여했던 자율권이 한 사람, 한 사람을 더 크게 성장하게 하는 원동력이 되지 않았을까 싶다.

셋째, 내적 갈등에 대한 조정을 잘한다. 사람은 마음속으로 많은 갈등을 겪는다. 갈등에는 외적 갈등과 내적 갈등이 있는데, 외적 갈등은 인간과 인간 사이에 일어나는 갈등이며, 내적 갈등은 한 인간이 스스로 갈등을 일으키는 것을 말한다. 내적 갈등은 곧 마음의 갈등을 말하는데, 성숙한 사람은 이 마음의 갈등을 잘 조정한다. 그리하여 분노와 증오 같은 좋지 않는 일로 괴로워하지 않는다. 정신적으로 성숙한 사람은 스스로를 잘 조정할 줄 알아서 불필요한 감정에 에너지를 소모하지 않는다.

새로움을 익혀
즐거움을 맛보라

마흔쯤 돼서 마치 자신이 인생을 다 산듯 이야기하는 사람들을 종종 만나게 된다. 그러나 마흔이라는 나이는 허탈함을 느끼기에 아직 이른 나이다. 마흔이 되어 무언가를 시작한다는 것에 두려움을 갖는 사람들이 많지만, 어쩌면 진짜 이제부터 내가 하고 싶은 일들을 해볼 수 있는 절호의 찬스가 바로 마흔 즈음이 아닌가 생각한다. 그동안 밥벌이와 생계유지로 제쳐두었던 일이 있다면, 내 생애 언제 한 번은 꼭 해보고 싶은 일이 있다면 이제는 도전할 때가 되었다.

40대 이후의 사람들은 여가시간을 제대로 즐기지 못하는 경우가 많다. 특히 직장인들이라면 더 그렇다. 주5일 근무제와 주56시간 근무가 정착되면서 여가시간이 늘었는데도 불구하고 40대들은 휴일에 고작 잠을 자거나 리모컨을 들고 이 채널 저 채널을 돌리는 게 여가를 보내는 전부다. 소위 '채널 서핑'을 하는 것이다. 결국 그렇게 소중한 여가시간을 흐지부지 흘려보낸다.

남은 시간을 즐겁게 보내기 위해서 우리는 새로운 것들을 찾아 배울 기회를 만들어가야 한다. 40대가 배울 수 있는 것으로는 여러 가지가 있는데, 요리와 재산관리도 좋은 배움거리 중에 하나다. 40 대에 즐거움을 찾는 방법으로 남성에게는 '요리'를, 여성에게는 '재산 관리'를 배울 것을 추천한다.

사람으로 이 세상을 살아가며 자기가 먹을 것은 스스로 챙길 줄 알아야 한다. 그게 바로 요리다. "남자가 요리를 하기 위해서 주방에 들어와서는 안 된다. 체면이 깎인다"는 말은 이제 고리타분한 옛날 이야기다. 그래서 나는 남성들에게 40대 이후 삶의 즐거움을 찾는 방법의 하나로 요리를 배워보는 것을 권한다. 요리를 해보면 지금까지 알지 못했던 즐거움을 느낄 수 있다. 자신을 위한 요리도 좋지만 누군가를 위해 하는 요리가 얼마나 설레는 일인지, 또 그걸 맛있게 먹어주는 사람을 바라보는 것이 얼마나 행복한 일인지, 요리를 하는 과정에서 평소 하고 있던 근심이나 걱정, 고민이 얼마나 하찮은지 등등을 느낄 수 있다.

사람은 밥을 지을 수 있는 최소한의 기술을 갖춰야 한다. 요리는 살기 위해서 먹어야 하기 때문에도 중요하지만 맛있는 요리를 먹게 된다는 기대감과 함께 재미도 느끼게 된다. 오늘날 다양한 방송에서 요리 관련 프로가 인기 있으며, 여러 셰프들이 방송가를 주름잡고 있는 것도 이와 무관하지 않다.

여성들은 40대 이후 만일을 대비하여 숫자 관리, 즉 재산 관리를 배우는 것을 추천한다. 인간이 100세를 산다는 것은 그만큼 살아야 할 기간이 늘어난다는 뜻이다. 따라서 남편과 함께 재산 관리에 대한 주요 사항들을 배워두는 것이 필요하다. 요즘은 여성이 더욱 꼼꼼하게 재산을 관리해 나가는 사례가 많다. 부동산 분야나 재테크 분야의 책을 봐도 여성이 쓴 저서가 많다. 무조건 아끼고 허리띠를 졸라매야 한다는 생각은 요즘 세상에서 먹히지 않는다. 이것저것 알아야 할 것도 많고, 공부해나가야 하는 부분도 많다. 현명하게 돈을 관리할 줄 알게 되면 나이가 들수록 점점 자신감이 넘치는 삶을 살 수 있게 된다. 이와 함께 더 늦기 전에 기계, 특히 컴퓨터 사용법을 익히는 것도 좋다. 시간이 지남에 따라 컴퓨터도 형태와 기능이 날마다 바뀐다. 오늘날 컴퓨터는 생활에 없어서는 안 되는 필요한 도구이기 때문에 기본적인 사용법을 익히도록 하자.

또 하나, 인생에서 한 번쯤은 책을 써보는 것도 추천한다. 자신의 인생을 정리하고 또 일상에서 느끼는 것들을 한 권의 책에 담아보는 것이다. 이처럼 40대 이후의 삶을 위해 여러 방면에서의 삶의 기술을 조금씩 익혀두는 것이 어떨까. 새로운 것들을 배움으로써 또 다른 즐거움을 느낄 수 있을 것이다.

05

즐겁게 노는
방법을 찾아라

　40대 이후의 삶을 이전과는 좀 더 다르고 행복하게 보내기 위한 또 하나의 방법은 '제대로 노는 방법'을 익히는 것이다. '잘 논다'는 말은 놀거리, 즉 아이템이 있다는 말이다. 놀 줄 아는 사람은 적어도 하나의 아이템이 있다. 만일 놀거리가 없다면 나이들어가면서 가족을 괴롭히게 된다. 내가 놀 수 있는 아이템을 스스로 개발해야 한다. 놀지 못한다는 것은 스스로를 괴롭히는 것이다.

　즐겁게 노는 방법을 배우는 것은 오로지 나 자신을 위한 것이다. 물론 상대를 위해서이기도 하지만 궁극적으로는 나 자신을 위해서 배우는 것이다. 가능하면 자신과 어울리는 놀이를 해야 한다. 공부하는 것이 좋으면 공부하면서 놀면 된다.

내가 아는 40대 지인은 인근 도서관에 가서 공부를 한다. 그는 어떤 목표를 가지고 공부하는 것이 아니라 재미가 있어서 공부를 하고, 무엇이든 닥치는 대로 책을 읽는다. 그에게는 공부가 놀이이며 삶 그 자체다.

최근에 『마흔 공부법』이라는 책이 출간되었는데 저자의 이력이 상당히 흥미롭다. 이 책의 작가는 학업 성적이 별로 좋지 않았다고 한다. 자신의 두뇌가 그리 뛰어나지 않다는 것을 느낀 저자는 그때부터 자신만의 독특한 공부법을 개발하기 시작했다. 그 이후에 대학도 가고 각종 자격증도 단시간에 따면서 '시간, 집중력, 기억력'이 떨어지는 40대에게 잘 맞는 공부법이라며 이 책을 출간한 것이다. 이처럼 늦었다고 생각할 수 있는 나이에 무언가 생산적인 일에 매진한다는 것은 그만큼 의미 있는 일이 아닐까 생각한다.

어느 한 연구기관에서 '사람은 어느 때가 가장 행복한가?'에 대해서 설문조사를 실시한 결과 '여행이 가장 행복한 순간'이라고 꼽혔다. 인간은 길을 걸을 때 행복하고, 먹을 때 행복을 느끼며, 이야기를 나눌 때 행복하다. 이 세 가지를 모두 할 수 있는 것이 여행이다. 그러므로 여행은 누구나 누릴 수 있는 가장 행복한 방법이며, 가장 좋은 놀이다. 남들처럼 평범한 직장에 다니다가 평소 제2의 직업으로 삼고 싶었던 여행작가, 사진작가의 꿈을 이룬 사람들도 있다. 우연히 떠난 여행에서 영감을 얻고 그것을 책으로 써 베스트셀러 작가가 된 사람, 여행을 떠나 카메라에 멋진 풍경 사진을 담아 전시회를 여는 사람도 있다. 여행은 새로움과 도전을 우리에게 선물해주는 듯하다.

한편 40대 이후 행복할 수 있는 방법 중의 하나로 '종교 활동'도 꼽을 수 있다. 40대는 심리적인 성숙을 넘어서 영적으로도 성숙해지기 위해 노력할 때다. 영적으로 성숙할 수 있는 방법 중의 하나가 종교 활동인 것이다. 신을 추종하라는 뜻이 아니라 신이 이야기하는 지혜와 현명함, 분별력 등을 기르라는 의미다. 신의 말씀을 통해 자신을 돌아보라는 뜻이기도 하다.

종교 활동을 통해서 얻을 수 있는 부수적인 소득은 인간관계다. 이때 맺어진 인간관계는 지연이나 학연에 의해서 맺어진 인간관계보다 더욱 끈끈하다. 같은 종교와 같은 교회, 같은 사찰을 다닌다는 사실 자체가 어떤 지연이나 학연보다 사람을 더욱 믿게 한다. 그런 확고한 믿음 속에서 이루어진 인간관계는 끈끈할 수밖에 없다.

이처럼 스스로가 즐거워지는 활동을 찾고 그것을 하며 시간을 보내고 마음을 정화해 나가는 시간을 갖는 것은 참 의미 있는 일이다. 오늘 한번 고민해 보자. 내가 즐길 수 있는 일이 무엇인지를 말이다.

06

제2의 인생을 위해
버려야 할 3가지

40대부터 이전과 다른 새로운 인생, 제2의 인생을 살기 위해서는 새로운 '나'를 만나야 한다. 앞으로 남은 삶을 지금과는 전혀 다른 새로운 인생으로 전환하기 위해서는 새로운 나를 만나야 하는 것이다. 그 새로운 내가 되기 위해서는 다음의 3가지를 버려야 한다.

첫째, '늙었다'는 생각을 버려야 한다. 오늘날 40대와 50대 중에는 자신이 늙었다고 생각하는 사람들이 의외로 많다. 물론 30대에 비해서 늙은 것은 확실하다. 하지만 눈가나 목에 주름살이 많다고 해서 늙었다고 하지 않는다. 뭔가를 시작하려고 할 때 '늙었다'는 말을 한다. 이 말은 '그것을 할 수 있는 나이가 지났다'는 의미다. 이는 나이 때문에 그 일을 할 수 없다고 자신에게 변명하는 것이다. 40대는 절

33

대 늙은 것도 아니고 무엇을 하기에 결코 늦은 때도 아니다. 따라서 어떤 일이라도 할 수 있는 나이이며, 새롭게 도전할 수 있는 시기임을 깨달아야 한다.

40대에 공부를 시작하여 10년을 배워도 이제 50대밖에 안 된다. 그때부터 배운 걸 써먹는다고 하면 10년 이상 길게는 20년 이상 써먹을 수 있다. 그러므로 너무 늦었다는 생각을 버려야 한다. 나를 위해서 무엇을 배우고, 무엇을 할 것인지를 생각하고 진지하게 꿈을 꾸어야 할 시기가 시작된 것이다.

둘째, '나는 성공했다'는 생각을 버려야 한다. "나는 지금까지 성공적으로 살아왔으며, 돈도 어느 정도 벌었다. 그리하여 지금도 바빠서 나중을 생각할 겨를이 없다"고 말하는 사람이 많다. 이들은 20~30대에 성공한 것에 대하여 자부심을 느끼고 자랑한다. 이런 사람들은 노후를 준비할 수 없는 사람들이다. 너무 바쁘다 보니 미래를 준비할 시간을 낼 수 없다는 것이다.

과거에는 20~30대에 쌓아온 커리어를 중년까지 끌고 가는 것이 중요했다. 그러나 이제는 달라졌다. 인생 전반의 성공이 후반을 망칠 수 있다. 따라서 전반에 성공했다고 자랑하거나 오만해서는 안 된다. 인생에는 전환기가 있다. 전환기에는 새로운 역할이나 인식을 가져야 하는 때다. 과거의 패러다임으로 새로운 단계로 진입하면 적응이 힘들다.

실제 20대에 성공한 많은 사람들은 같은 패러다임으로 30대에 진입한다. '나는 성공했다. 그래서 내 인생은 완성했다'고 생각하면 누구라도 패러다임을 바꾸려고 하지 않는다. 그러나 막상 30대에 진입하여 고통을 겪으면 '이게 아니었구나' 하고 뒤늦게 후회하게 된다.

20대와 30대는 성공의 의미가 다르다. 20대는 '성취 지향'의 의미가 크고, '돌격 앞으로'라는 패러다임이 중요하다. 반면 30대에는 '자신의 행복'이나 '내가 하고 싶은 일'이 중요해진다. 그리하여 20대의 패러다임을 갖고 정신없이 달려가다 30대 한복판에 놓인 경우, 잘못하면 실패를 맛볼 수 있다. 꼭 쥐고 놓지 않은 낡은 패러다임 때문이다.

나무들도 계절이 바뀌면 그에 맞게 생존전략을 바꾼다. 살아남기 위해 나뭇잎의 색깔을 바꾸고, 잎눈을 만든다. 마찬가지로 인간도 전환기에는 변화해야 하며, 30대의 성공을 빨리 잊고 40대를 새로운 마음으로 맞이해야 한다.

마지막으로 '나이가 든 것을 부인하는 마음'을 버려야 한다. 봄이 오면 여름이 오고, 여름이 지나면 가을이 오듯이 나이를 든다는 것은 자연의 순리인데 이것을 거부하는 사람들이 많다. 특히 외모에 변화가 많은 40대 사람들이 그러하다. 이들은 주름살이 늘고 피부가 처지는 것을 견딜 수 없어 한다. 머리에 흰머리가 희끗희끗 나는 것을 두려워한다.

돈에 집착하면 비교의식에 빠져서 아무리 돈이 많아도 만족할 줄 모른다. 생산성이나 보람을 느낄 수 없는 사람들이 주로 돈이나 외모 같은 것에 몰입하는 경향이 있다. 지금 그의 마음속에서는 무언인가를 채우라고 말하지만 그 사람은 엉뚱하게도 '노화'라는 생각만 하고 있는 것이다. 나이 드는 것을 거부하는 것은 한마디로 인생을 낭비하는 것이다.

40대 이후 행복하기 위해서는 앞서 말한 세 가지를 버려야 한다. 이것을 모두 한꺼번에 버리기는 쉽지 않다. 그러나 40대 이후의 행복을 얻기 위해서는 꼭 버려야 한다.

40대가 갖춰야 할
정신자세 10가지

40대에 이르러서는 세상의 일을 바라보는 시각과 자세가 달라져야 한다. 40대 이전과 같은 눈으로 세상사를 바라봐서는 안 된다. 40대가 되기 전까지는 겁이 없었고, 세상에 두려울 것이 없었다. 무슨 일이라도 할 수 있다는 자신감이 넘쳤고, 행동에는 박력이 있었다. 그러나 40대가 되어서는 모든 일이 자기 자신의 뜻대로 움직이지 않는다는 것을 깨닫게 된다. 점차 겁이 생기고 두려움이 앞선다. 혹시나 실패하지 않을까 신중을 기하게 된다. 그리하여 겸손을 배우게 되는 것이다. 이제 인생에서 큰 봉우리를 넘겼으나 또다시 더 큰 봉우리를 눈앞에 둔 40대는 지금까지와는 다른 자세를 가져야 한다. 40대가 갖춰야 할 정신자세로는 다음 10가지를 꼽을 수 있다.

① 세상을 새로운 눈으로 바라본다

40대가 되면 세상에 대해서 다 아는 것처럼 생각하기 쉽다. 이는 착각하고 있는 것이다. 변하기 위해서는 세상에 처음 나온 사람처럼 다시 새롭게 봐야 한다. 그러면 지금까지 보지 못했던 세상의 이면이 서서히 모습을 드러낼 것이다. 거기에서 분명 그동안 느껴보지 못한 무언가에 감동받을 기회가 생길 것이다.

② 뭐든지 깨닫는다

깨닫기 위해서는 내가 보고 있는 것이 진실인지 아니면 내가 그렇게 보고 있는 것인지를 알아야 한다. 사물을 제대로 바라보는 훈련이야말로 정확한 판단력을 길러준다. 대부분의 사람들, 특히 40대들은 겉모습을 실제 본질인 것처럼 생각하기 때문에 같은 실수를 되풀이한다. 더 이상의 실수를 되풀이하지 않기 위해서는 뭐든지 깨달아야 하며, 깨달았을 때 아름다움도 발견할 수 있다.

③ 가슴이 뛰는 삶을 산다

가슴이 뛴다는 것은 설레는 마음을 가진다는 것이다. 세상에는 우리가 아는 것보다 가슴을 뛰게 하는 일들이 많다. 벚나무에 꽃이 필 때 다시 새봄이 왔다는 사실에 설렘을 느끼고, 새로운 사람을 만나서 새로운 이야기를 들을 때마다 설렘을 느낀다. 가슴이 뛰는 일이 많고 설렘을 느낄 때마다 우리의 인생이 더 이상 녹슬지 않는다.

④ 무엇을 대하든 난생 처음 대하는 것처럼 대한다

세상을 보는 눈을 달리하고, 자신을 보는 눈을 달리해야 한다. 위대한 발견은 다르게 보고자 하는 데서 나왔다. 찰스 다윈이 그랬고, 우장춘 박사도 그랬다. 위대함은 안 보던 것을 찾는 것에서 얻어진다.

⑤ 다른 길을 가본다

세상을 다 아는 것 같지만 정작 우리가 아는 것은 일부분에 지나지 않는다. 인생에서 가장 큰 모험은 오늘이나 어제와 다른 길을 가보는 것이다. 그곳엔 아직 발견되지 않은 위대한 미래가 있기 때문이다.

⑥ 모든 삶에서 겸허함을 배운다

40대부터 산다는 것은 겸허해지고 정화되어가는 것이다. 겸허해진다는 것은 남을 배려할 줄 알고 생각이 깊어진다는 것을 말한다. 첫눈이 오면 창문을 열고 세상을 처음으로 순결하게 대하듯 하늘의 소리를 들어본다. 그러면 마음도 따라서 경건해질 것이다.

⑦ 자신을 돌아볼 수 있는 시간을 갖는다

생각 없이 우물쭈물 살다가는 인생의 시간이 맥없이 지나가는 것을 느낄 것이다. 인생은 특히 40대부터는 쇠와 같아서 부단히 자신을 돌아보지 않으면 쉽게 녹슬고 만다. 시간을 갖고 자신과 과거를 돌아봐야 한다.

⑧ 거리를 잘 알고 행동한다

사람과의 거리는 영원한 숙제이다. 가까워야 할 사람이 멀리 있는 것처럼 느껴지는 것도 문제가 되고, 멀어지고 싶은 사람과 가까이 있을 수밖에 없는 것도 불행이다. 인생을 살면서 거리를 잘 알아서 행동하는 것만큼 슬기로운 것은 없다. 인간과의 거리에 대해서 슬기롭게 대응하는 것, 그것이 성공적인 삶을 가져온다.

⑨ 마음만은 풍요로움을 느낀다

사는 것이 힘들다 보니 마음 역시 가난하고 찌들어지고 배배 꼬였다. 그러나 인생을 곰곰이 살펴보면 거기에는 비좁고 부족하며 오그라든 것만 있는 것은 아니다. 아무리 어려워도 마음만은 풍요로움을 느끼면서 살아야 한다. 그래야만 하루하루의 생활에서 기쁨을 제대로 느끼며 살 수 있다.

⑩ 인생의 매 순간을 느끼며 산다

인간의 위대함은 느끼고 깨닫는 것에서 온다. 만일 세상을 살면서 남처럼 무감각하다면 그런 인생에서 아름다운 꽃은 피어나지 못할 것이다. 하루 일과를 마치고 집으로 돌아올 시간에는 가슴 뿌듯함을 느껴야 한다. 살아 있는 가장 큰 이유는 느끼기 위해서이다. 하루의 삶에 대해서 느끼기 시작하며, 거기에서 인생을 사는 보람을 느낄 것이다.

02

상실로괴로워하는
마흔에게

: 있는 그대로를 인정하라

상실이 시작되는 시기인 마흔.
지금까지 머리와 가슴으로 상실 그 자체를 온전히
받아들였다면, 이제는 그 상실을 이겨내기 위해 우리 자신도
몰랐던 힘을 불러내 보자.
"나는 견뎌낼 힘이 있어."

: 있는 그대로를 인정하라

소유보다
상실이 많은 40대

　인간의 삶 자체가 소유와 상실을 반복하는 과정이라 할 수 있다. 이 세상에 태어나서 사는 동안 우리는 얻고 잃음을 수없이 반복하면서 살아간다. 초등학교에 입학하면서 유치원 때의 천진난만한 소꿉친구들을 잃어버리고 새로운 친구들과 선생님을 맞이한다. 졸업과 입학이라는 과정을 통해서 많은 친구들을 잃고 또 새로운 친구들을 만난다. 이런 과정에 때로는 사랑하는 부모를 잃어버리기도 한다. 그런 과정을 거치고 나이를 먹으면서 인간사는 소유보다는 상실이 훨씬 많은 과정이라고 할 수 있다. 태어나면서부터 필연적으로 시간을 잃어버리고, 젊음을 잃어버리고, 생명을 잃어버리는 과정을 밟아간다. 이것이 인간사다.

　그러나 우리는 이런 근본적인 것 외에도 많은 것들을 잃어버리며 살아간다. 40대에 이르기까지 살면서 잃어버린 것을 A4 용지에 적으면 수없이 써내려 갈 수 있을 것이다. 어린 시절의 꿈, 동네 친구들, 첫사랑, 정들었던 자가용, 아끼던 만년필 등등이 그것이다.

어른이 된다는 것은 다른 말로 하면 순수함을 잃어버리는 것이다. 늙어가면서 아름다움, 고운피부, 윤기 있는 머리카락, 건강한 체력을 잃는다. 명퇴로 직장을 잃고, 병에 걸려 건강을 잃고, 지금까지 열심히 추구했던 목표를 잃는다. 또한 젊었을 때의 부글부글 끓던 정열과 이상을 잃어버리게 된다. 인생의 목표와 의미를 잃어버리는 사람들도 있다. 이렇게 우리가 알게 모르게 잃어버리는 시기가 바로 40대에 들어서면서부터다. 물론 사람마다 40대 이전에 잃어버릴 수도 있고, 40대가 되어도 인생에서 중요한 자리를 차지하고 있는 것들을 잃지 않는 사람들도 있다. 그러나 보통은 40대부터 소유보다 상실이 더 많이 일어난다고 할 수 있다. 즉 40대는 상실이 시작되는 시기다. 그렇기에 40대는 인간의 슬픔과 허무를 느끼기 시작하는 때이기도 하다.

그러나 우리는 이 모든 상실을 받아들이지 않으면 안 된다. 직업적으로 성공하여 안정된 직장을 가졌다고 자부할지라도 그 일과 직장은 결국 끝나게 되는 것이다. 인생은 유한한 것이며 끝이 있다. 그 끝이 점차 보이기 시작한다는 것이 40대의 비극이다. 상실의 아픔을 겪는 사람들은 대부분 40대가 되면서부터 하나씩 보게 되는 것이다.

09

대표적인 상실과
원인을 분석하라

40대에 찾아오기 시작하는 대표적인 상실은 크게 4가지다.

첫째, 소중한 사람들의 죽음이다. 통계청에 의하면 우리나라에서 1년간 약 25만 5,403명이 죽는다고 한다. 그렇다면 매일 누군가의 소중한 사람인 700여 명이 죽는다는 것이다. 죽은 사람이 살아있는 동안에 10명 하고만 아주 친했다고 가정해보자. 이렇게 따져 보면 매일 7천 명은 자신과 아주 친했던 사람이 죽어서 다시는 볼 수 없는 아픔을 겪고 있는 것이다.

어떤 통계에 따르면 사람은 평균 9~13년마다 사랑하는 사람의 죽음을 경험한다고 한다. 평생 동안 적어도 6~7회 이상의 아주 아픈 경험을 해야 한다는 것이다. 사고나 병으로 자신이 먼저 죽는 것을

제외하면 거의 대부분은 자신을 낳아주신 부모의 죽음을 접해야 한
다. 아주 어렸을 때 겪는 사람도 있고, 한창 예민한 사춘기에 겪을 수
도 있다. 그러나 많은 사람들이 40~50대에 겪게 된다. 누구나 겪는
일이기는 하지만 부모의 죽음이라는 것은 그 자식들에게는 엄청난
슬픔을 가져다주는 일이다.

또는 너무나 사랑했던 소중한 자녀의 죽음을 겪는 부모도 있을
것이다. 자녀의 죽음은 가슴에 묻는다고 한다. 이때의 슬픔과 고통
은 어떤 말로도 표현할 수 없을 것이다. 또한 형제, 친구 등 소중한
사람들의 죽음을 겪는 것은 살면서 피할 수 없이 만나게 되는 아픔
이요, 이별이자 상실이다.

둘째, 사랑하는 사람과의 이별이다. 아무리 사랑한다고 할지라도
언젠가는 헤어질 수밖에 없는 것이 인간의 운명이다. 한평생 후회
없이 사랑하고 살았을지라도 둘 가운데 한 사람이 먼저 이 세상을
떠나야 한다. 이런 어쩔 수 없는 사별이 아니더라도 이혼이건 실연
이건 한때는 사랑했던 사람이, 아니면 지금도 서로 사랑했던 사람이
헤어지기도 한다.

우리나라에서 하루 평균 약 900쌍이 사람들의 축복을 받으며 결
혼식을 올리고, 330쌍이 서로 깊은 상처를 주고 이혼을 한다. 매일
600여 명이 상실의 나락으로 떨어지고 있다. 결혼은 하지 않았지만
대부분의 사람들은 실연의 경험을 한두 번 했을 것이다.

이렇게 사랑했던 사람과 이별하는 데에는 여러 가지 이유가 있다. 아무리 노력해도 두 사람 사이에 뭔가 부족함을 느낄 수도 있고, 더 이상 사랑하는 사람이 마음에 들지 않을 수도 있다. 또한 사랑하는 사람이 새로 생길 수도 있다. 맞추어 나가기가 너무 힘들다고 느끼거나, 막연히 '이건 아니다'라고 느껴서 생각이 달라질 수도 있다. 어쩌면 두 사람 사이에 무엇이 잘못되었는지 모를 수도 있다. 하지만 이유가 무엇이든지 간에 사랑하는 사람과의 이별은 참기 어려운 상처를 준다. 화가 나고, 창피하기도 하고, 우울해지기도 한다. 비참하고, 자존심도 상한다.

그런데 문제는 40대의 이별과 상실은 혼자만의 문제가 아니라는 점이다. 자녀들이 함께 상처를 입는다. 이혼하는 부모들의 72%가 아직 미성년자인 자녀를 두고 있다. 특히 40대에 이혼하는 부모들은 대부분 미성년 자녀를 두고 있다. 그들의 자녀들은 부모의 한편 또는 양편을 모두 잃어야 하는 상실을 감당해야 한다. 대부분의 40대 이혼은 자녀에게 뜻하지 않은 크나큰 상실감을 준다. 따라서 사랑하는 사람의 이별로 인한 상실은 자신만의 문제가 아니라 죄 없는 자녀들에게까지 아픔과 고통을 주고 상처를 안겨 주고 있다.

셋째, 사고와 재난으로 인한 상실이다. 험한 이 세상에는 교통사고, 재난, 화재 등 예상치 못했던 여러 가지 일들이 많이 일어난다. 특히 우리나라에는 1년에 21만 5,354건의 사건·사고가 발생한다고 한다. 몇 년 전 포항에서 일어났던 지진과 같은 예기치 못한 재난이 발생할 수도 있고 홍수, 태풍, 폭설 등 천재지변까지 합치면 사고를 만나지 않고 살아가는 것이 다행이라고 할 수 있다.

이런 사고와 재난은 나 자신에게 직접 닥치는 것이 아니더라도 가족, 친구, 친척에게 얼마든지 일어날 수 있다. 그것은 나에게 갑작스러운 이별과 상처로 다가온다. 어느 정도 예상했던 질병과 다르게 갑작스럽게 일어난 사고로 인한 이별은 엄청난 슬픔과 비통함을 가져다준다.

사고로 인해 그동안 건강했던 신체와 능력을 잃을 수도 있다. 몸이 다치고 상하는 것도 문제이지만 마음에 남은 상처는 더 큰 문제가 된다. 심한 충격 이후에 분노, 좌절, 공포, 불안, 슬픔 속에 휩싸이는 일은 누구나 흔히 겪는 일이다.

마지막으로 생활의 변화이다. 직장을 옮기거나 이사를 하는 것은 많은 것을 잃어버리게 한다. 이사를 하게 되면 무엇인가 안정되지 않고 붕 떠있는 느낌을 들게 한다. 친해진 이웃들, 친구나 동료들, 또 익숙해진 무엇과 헤어지는 것은 힘든 일이다. 새롭게 관계를 맺어야 할 사람들과 환경이 두려울 수도 있다. 한편 다니던 직장을 그만두어야 하는 것은 견디기 힘든 상실이다. 요즘과 같이 경기가 좋지 않을 때는 언제 실직이라는 상실이 닥칠지 모른다. 그리하여 많은 직장인들은 항상 불안해하며 살아가고 있다.

재정적인 손실 역시 받아들이기 힘든 상실이다. 땀 흘려 알뜰히 모은 재산을 순식간에 날릴 수도 있다. '돈이란 있다가도 없어지는 거야'라고 아무리 위로해도 상처는 쉽게 아물지 않는다.

이 밖에도 우리가 살면서 겪는 상실들은 수없이 많다. 이런 모든 상실들은 대부분 40대에서부터 시작된다는 점에 문제가 있다. 인생의 중반에 와서 사는 보람과 재미를 느끼는 순간 예기치 못한 상실을 겪게 된다. 그러나 이런 상실은 40대에 받아들이지 않으면 안 되는 일들이다. 문제는 어떻게 받아들이느냐 하는 것이다.

큰 상처를 주는 2가지 상실

여러 가지 상실에 대해 이야기했지만 이 중에서 큰 상처를 주는 상실은 두 가지로 나눌 수 있다. 이는 갑자기 일어난 상실과 질질 끌어온 상실이다.

갑자기 일어난 상실은 사랑하는 사람이 예고도 없이 갑자기 생긴 병으로 세상을 떠날 때와 같은 경우를 말한다. 오늘날 불의의 교통사고로 매우 건강했던 사람이 순식간에 생명을 잃는 경우가 얼마든지 있다. 혹은 지금까지 모르고 있던 병으로 손쓸 사이도 없이 죽음에 이르는 경우도 많이 있다.

반면에 질질 끌어온 상실은 부부 사이에 일어나는 일로, 어느 한쪽이 중한 병에 걸려 오랫동안 치료하느라 서로에게 너무나도 지쳐 있지만, 그래도 어떻게든 회복시켜 보려고 애쓰다가 결국에는 죽게 되는 경우를 들 수 있다. 중풍이나 암 같은 병에 걸려서 몇 년 동안 투병생활을 하다가 결국 죽게 되는 경우가 바로 이런 상실에 속한다. 이런 상실은 서로에게 미안함과 아쉬움을 가져다준다. 질질 끌려온 상실의 하나로 부부간에 참고 살다가 더 이상은 참을 수 없어서 이혼하는 경우도 있다.

사실 너무나도 갑작스럽게 상실을 당한 사람은 "시간이 좀 있었으면…" 하는 생각에 아쉬움을 느낀다. 사랑한다는 말 한 마디도 하지 못하고 영원히 이별한다는 것이 너무나도 가슴 아프게 한다. 후회되는 것도 너무도 많다. '준비를 하지 못했다'는 사실이 더욱 힘들게 한다. 막상 아무리 준비를 잘했었더라도 사랑하는 사람을 떠나보낸다는 것은 결코 보통의 일이 아니다. 그럼에도 불구하고 조금이라도 준비할 수 있는 시간이 있었으면 하고 바라게 되는 것이 사람의 마음이다. 누구나 이러한 현실을 있는 그대로 받아들이기가 어렵다.

반대로 오래 끌어온 사람들도 다른 사람들이 생각지 못하는 나름대로 힘든 일을 겪는다. 갑작스런 이별에 반해 오래 끌어온 이별에서 가장 나타나기 쉬운 것은 지쳐버린다는 것이다. 모든 일에 지치고 힘들어진다. 특히 만성적인 병을 앓는 사람을 돌볼 때는 지치기가 너무 쉽다. 돌보는 사람도 지치고 병석에 누워 있는 사람도 지친다. 또한 이혼과 같은 상실은 질질 끄는 일이 많다. 아무것도 할 수 없을 때 내리는 최후의 선택이라고 할 수 있다. 이러다 보면 서로의 인격도 망가지고 존엄성도 팽개쳐지고 온통 상처뿐인 상태로 남게 되는 경우가 많다.

갑작스러운 경우에는 시간이 있기를 바라고, 질질 끌었던 경우에는 차라리 확 끝나버리기를 바라지만 결국은 마찬가지다. 어떤 쪽이든 힘든 것은 마찬가지다. 어떠한 경우라도 상실의 아픔은 덜해지지 않는다. 상실의 회복단계에도 차이가 없다. 상실은 어차피 힘들고 고통스러운 것이다. 이런 상실의 문제는 이것을 어떻게 극복해 나가느냐에 달려 있을 뿐이다.

10

인정하고
받아들이는 법

　우리 인생에서 일어나는 많은 상실을 인정하고 받아들이며 극복
해 가는 방법으로 다음 몇 가지를 들 수 있다.

　첫째, 머리로 받아들이는 것이다. 사랑했던 그 무엇을 잃어버렸다
는 사실은 너무나 고통스럽다. 인정하지 않으려고 "절대 그럴 리가
없어", "이건 아니야", "이건 꿈이야"라며 절규한다. 예상치 못한 상
실을 당했을 때 사람들은 그 상실을 부인하고 싶어 한다. 이렇게 현
실을 회피하면 해결방법이 없다. 어차피 피할 수 없는 고통이라면
인정하고 받아들일 수 있어야 극복할 수 있는 문이 열린다.

　인정하긴 싫지만 어쩔 수 없는 현실을 인정하고 받아들여야 한
다. 물론 떠나지 않기를 바라지만, 떠나면 받아들이는 것이다. 그리

고 "그는 떠났어!", "나는 사랑하는 사람을 잃었다!"라고 속으로만 생각하지 말고 소리치는 것이다. 아무도 없는 나만의 골방이나 차를 몰고 인적이 드문 곳에 가서 차 속에서 큰 소리로 소리친다. 처음에는 전보다 더 큰 슬픔이 밀려와 가슴이 조여 오며 주체할 수 없을 정도로 눈물이 흐를 것이다. 하지만 계속해서 소리치다 보면 점차 마음의 안정을 찾으며 인정하고 받아들이게 될 것이다.

둘째, 가슴으로 받아들인다. 머리로 받아들였다고 모든 것이 다 해결되는 것은 아니다. 다음 단계는 가슴으로 받아들이는 것이다. 머리로 받아들이는 것과 가슴으로 받아들이는 것에는 차이가 있다.

"사랑하는 사람이 떠났다"고 인정하면서도 전혀 그렇지 않다고 말하는 남자, 남의 일을 말하듯 "어머니가 돌아가셨어"라고 입으로 내뱉는 아들, 이런 모습은 머리로는 상실의 현실을 인정하지만 가슴으로는 느끼지 못하는 것이다.

머리로 받아들일 때는 '소리'가 필요했지만, 가슴으로 받아들일 때는 '침묵'이 필요하다. 조용한 곳에 가서 가슴으로 느껴보는 것이다. 슬픔, 분노, 고통, 후회, 절망, 두려움 등을 가슴으로 아낌없이 느껴보는 것이다.

셋째, 숨어 있는 모든 힘을 동원한다. 지금까지 머리와 가슴으로 상실 그 자체를 온전히 받아들였다. 그러면 이제는 그 상실을 이겨

마흔으로 산다는 것

내기 위해서 우리 자신도 몰랐던 힘을 불러내어 본다. "나는 괜찮아!", "새 인생이 시작되는 거야"라는 식의 꿈같은 말은 하지 않는다. 이와 같이 단번에 상실의 아픔을 완전히 극복했다고 느끼게 하는 자기암시는 좋지 않다. 이것은 일종의 가식이기 때문이다.

대신에 다음 문장을 아침저녁으로 열 번씩 외워본다.

"나는 견디어 낼 힘이 있어."

이런 자기암시는 다른 일을 하는 중간에도 가능하다. 단지 형식적으로 자기암시를 하지 말고 정성을 다해야 한다.

오 헨리의 단편소설 『마지막 잎새』에 나오는 가슴앓이 소녀가 마지막 잎새와 함께 자기도 죽는다고 생각한 것은 부정적인 자기암시였고, 늙은 화가가 그린 마지막 잎새를 보고 용기를 되찾은 것은 긍정적 자기암시였다. 이제 상실감으로 고민하는 우리에게 늙은 화가의 마지막 잎새가 필요한 것이다.

마지막으로 친구로부터 위로를 받는다. 고맙게도 상실감으로 슬픔을 견디어 내고 있는 우리에게는 친구가 소식을 듣고 달려와 준다. 그 친구도 사람인지라 우리의 슬픔을 다루는 데 익숙하지 않다. 그러나 친구에게 몇 가지 방법을 통해서 위로를 받을 수 있을 것이다.

친구가 우리의 슬픈 사연을 들어주는 것만으로도 위로가 된다. 누군가 나의 아픔을 들어주는 것만으로도 큰 힘이 될 수 있다. 친구에게 슬픔과 고통을 털어놓는 것이다. 그런 다음에는 상실감을 극복할 수 있는 여러 가지 조치를 친구와 함께 하면서 위로를 받을 수 있다.

상실을 극복하기 위한
필요조건

상실을 잘 극복하기 위해서는 몇 가지 필요한 조건이 있다. 이런 조건들을 제대로 갖추었을 때 상실의 아픔을 잘 극복하여 원래의 자기 모습으로 되돌아와서 정상적인 생활을 할 수 있다.

첫째, 인내심이다. 힘든 상실을 겪은 후에는 힘든 만큼의 회복시간이 필요하다. 결코 한두 달 안에 편안해질 것이라고는 생각하지 않는 것이 좋다. 시간이 얼마나 걸릴지는 우리 자신도 모른다. 얼마든 인내하고 기다리는 것이다.

심리학자들에 의하면 보통 6개월 안에 해결되는 것이 정상이라고 한다. 그렇지만 실제로는 그렇지 못한 경우가 많다. 훨씬 더 많은 시간이 요한다. 사별이나 이혼 같은 큰 상실을 겪은 경우에는 보통 1년

안에 회복되는 경우가 드물다. 그렇지만 2년 정도 지나면 조금씩 괜찮아지면서, 3년이 되면 완전히 조절할 수 있다고 한다.

애도 과정이라는 것은 결코 가볍게 넘어가는 것은 아니다. 실제로는 생각보다 훨씬 무겁다. 이 무거운 것이 억누르고 있기 때문에 부담이 된다. 이런 부담 때문에 짓눌리고 지친다. 이런 상태를 극복하기 위해서는 무엇보다도 인내가 필요하다. 인내하지 못하면 언젠가는 폭발하여 예기치 못한 결과를 가져올 수 있다.

둘째, 건강이다. 크고 작은 상실을 겪은 후에는 자칫하면 건강을 잃기 쉽다. 자포자기 하는 심경으로 건강을 살피지 않기 때문이다. 그리하여 상실을 겪은 후에는 심장병, 우울증, 고혈압, 당뇨병 같은 병이 생기기 쉽다. 상실을 겪었다고 해서 누구나 이런 병에 걸리는 것은 아니다. 상실에 대한 반응에 따라 건강에 문제가 생길 수 있다.

셋째, 종교를 갖는 것이다. '신앙이 상실을 극복하는 데에 어떤 도움이 되겠는가?' 하는 의문을 가질 것이다. 그런데 어떤 신앙을 가지느냐에 따라 달라진다. 여기서 어떤 신앙의 문제라고 말하는 것은 기독교나 불교 같은 종교의 종류를 말하는 것이 아니라 신앙을 대하는 사람들의 자세를 말하는 것이다.

어떤 사람들은 신앙을 어떤 어려움에 처했을 때 보이지 않지만 도와주는 힘으로 생각한다. 그런 사람들은 상실로 힘든 상황을 신앙으로 극복하게 해주는 것으로 기대할 수 있다. 신앙관에 따라 다를 수도 있지만 필자는 참신앙은 그런 것이 아니라고 생각한다. 단순히 지금 힘든 상황을 벗어나게 해주는 그런 것이 아니다.

또 어떤 사람들은 신앙을 어떤 힘든 일을 벗어나게 해주는 마법의 우산처럼 생각하는 경우도 있다. 그런 사람들은 믿음이 좋으면 나쁜 일은 생기지 않는다고 생각한다. 그러나 아무리 믿음이 좋아도 세상을 살다 보면 좋은 일도 일어나고 나쁜 일도 일어나기 마련이다. 다만 믿음은 이런 상실을 겪고 난 후에 아픔을 이겨낼 수 있는 힘을 주는 것이다.

신앙은 "왜 내게 이런 일이 일어났을까?" 하는 생각을 "어떻게 이 아픔에서 벗어날 수 있을까?" 하는 생각으로 바꾸어준다. 참된 믿음이 있는 사람은 아무리 힘든 좌절과 상처를 입어도 다시 일어설 수 있는 힘을 얻을 수 있다.

여기서 우리가 기억해야 할 것은 신을 믿는다고 해서 모든 상실을 피할 수 있는 것은 아니라는 사실이다. 상실은 누구에게나 닥친다. "이렇게 열심히 믿었는데 왜 이런 일을 주십니까?"라는 생각은 아무런 의미가 없다. 다만 그 상실의 의미를 깊이 새기고 본인이 성장할 수 있게 되기가 쉽다는 것을 의미한다.

완전하지 않은
자신을 받아들여라

40대가 되면 전두엽이 위축되기 시작해 지적 기능의 저하가 시작된다고 한다. 전두엽 기능 중에는 감정과 사고를 전환하는 스위치와 같은 작용도 있는데, 40대가 되면 이 전환이 잘 이뤄지지 않거나 한 가지 생각에 사로잡히게 되면 그것을 고집하는 경향이 생긴다.

전형적으로 단정 짓는 유형으로는 '이분법적' 사고방식이다. 모든 것을 흑과 백으로 나누고, 중간의 회색을 인정하지 않는 사고를 말한다. 이런 사고방식은 정신 건강에 좋지 않다. '성공한 것이 아니면 실패한 것이다', '행복하지 않으면 불행하다' 이런 이분법적 사고방식은 '완벽하지 않으면 안 된다'라며 자신을 막다른 곳으로 몰고 간다.

하지만 완벽이라는 것은 애초에 불가능한 일이다. 또한 40대부터는 뇌기능과 신체가 쇠퇴하기 때문에 지금까지 할 수 있었던 것조차 똑같이 할 수 없게 될 가능성도 있다. 따라서 이때부터 필요한 것은 그렇게 완벽하지 않은 자신을 편안하게 받아들이는 것이다. 완벽하지 못한 자신을 받아들이지 못하면 과거의 자기 잘못에 대해서 지나치게 집착하고 자신을 자책한다. 이뿐만 아니라 나쁜 쪽으로 단정 짓고 다른 방향의 가능성을 생각할 수 없게 되면서 점점 침울해진다.

완벽에 대한 집착이 세면 셀수록 더 완벽해질 수 없는 것이 인간이다. 그리고 자신이 완벽하지 못하고 무능하다는 생각에 사로잡힐수록 더욱 그러한 사람으로 변할 수밖에 없다는 것을 마흔 즈음에는 깨달아야 한다. 인간은 불완전하기에 가능성이라는 것에 기댈 수 있고, 완벽하지 않기에 겸손한 마음을 가질 수 있게 된다. 우리의 삶을 가만히 들여다보면 완벽하지 않은 것들 투성이다. 그것을 문제라고 바라보면 이 세상의 모든 것들이 불만이 되어 버린다.

그리고 우리들이 잘 저지르는 실수 중에 하나가 바로 나보다 잘난 누군가를 보며 자신을 처참히 깎아내리는 일이다. 그것은 나 자신에게도 상처를 주지만 다른 누군가에게 생채기를 만들기도 한다. 내가 완벽하지 못한 것처럼 내 주변 사람들 역시 완벽하지 않다는 걸 알아야 한다. 조금은 더 마음의 여유를 가지고 나와 다른 사람에게 관대해질 수 있어야 한다.

갓난아이가 커가는 과정을 살펴본 적이 있는가. 그들은 알아서 때가 되면 자신이 해야 할 몫을 한다. 입으로 무언가를 탐색하거나 "엄마, 아빠"라는 말을 하기 시작하고, 배밀이, 뒤집기를 한다. 걸음

마를 시작할 땐 또 어떤가. 누가 시키지 않아도 한 걸음을 떼기 위해 수없이 넘어짐을 감내한다. 그 과정을 즐긴다. 완벽히 일어서고 한 걸음을 떼기까지 그들은 연습하고 또 연습한다. 우리가 사는 과정도 이와 같다. 완벽하지 못하기에 연습하고 노력하는 것이다. 모두가 신이라면 이 세상에서 하나씩 이뤄가는 즐겁고 행복한 일상은 없을 것이다.

언제 어느 쪽으로 바람이 불지 모르는 것이 인생이다. 세상에는 아군과 적군만 있는 것이 아니므로 완전한 행복이 없다면 완전한 불행도 없다는 것을 인식할 필요가 있다. 인간은 원래 불완전한 존재이므로 나 자신도 불완전한 존재라는 사실을 기꺼이 수용할 필요가 있다.

변화를 시도하라

40대가 되기까지 누구나 살면서 많은 것을 잃기도 하고 얻기도 한다. 이것이 인생사다. 사랑하는 사람을 잃어버린 사람은 도대체 무엇을 얻을 수 있을까? 아픔과 슬픔 속에서 인생이 성숙해지는 기회를 얻을 수 있다. 아픔이 있기 전보다 분명히 더 나은 사람이 된 것이다. 무엇보다도 정신적으로 어떤 아픔도 이겨낼 수 있는 성숙함을 얻게 되는 것이다.

인생에서 어떤 것을 잃는다는 것은 곧 다른 무엇인가를 얻을 수 있게 되었다는 것을 의미한다. 따라서 이제는 이미 일어난 일을 받아들여야 한다. 사랑하는 사람이 떠난 후에 인생이 깨어져버린 유리조각과 같다는 사람도 있다. 그렇지만 깨어진 유리조각으로 스테인드글라스가 만들어진다는 사실을 알 필요가 있다.

한편 40대는 새롭게 변할 때라는 것을 깨달아야 한다. 이제는 새롭게 변화할 수 있는 능력이 필요한 때다. 새로운 시각과 자세, 새로운 활동, 새로운 방식으로 변화를 시도해야 한다. 물론 40대에 이르러서 새롭게 무엇인가를 시도한다는 것은 겁도 나고 부담스러운 일이다. 하지만 어쩌면 신나는 일이기도 하다. 새로운 것을 한다는 것은 항상 재미있는 일이다. 아는 곳으로 가는 것보다 한 번도 가보지 않은 곳을 여행하는 것은 설레는 일이기 때문이다. 마음을 활짝 열어놓고 새 사람, 새 장소, 새 경험을 받아들이는 자세가 필요하다. 집을 새롭게 단장하거나, 새 옷을 사거나, 운동을 시작하거나, 그동안 해보고 싶었던 것을 배워보는 등 새로운 것을 추구하는 것이 좋다. 자신에 대해서 변하고 싶었던 것이 있었다면 바로 지금, 무엇이든지 하고 싶었던 것을 시작하기 좋은 시기다.

지금까지 가입하지 않았던 새로운 모임에 참석해보는 것도 좋다. 인터넷을 통해서 흥미 있는 사이트에 회원으로 가입하고 게시판에 들어가거나 메일을 보내기도 해보라. 새로운 취미를 만들어보라. 지금까지 알지 못했던 새로운 분야의 책이나 잡지를 읽어보는 것도 추천한다. 컴퓨터, 인터넷, 원예, 뜨개질, 요리 등 뭐든지 좋다. 새로운 것에 도전해보라. 그렇지만 원래 가지고 있던 취미를 잃어버리지는 말라. 한동안 못했지만 좋아하던 일을 다시 시작해보는 것도 좋겠다. 원래 가지고 있었으나 잊어버릴 수도 있는 취미생활을 해보는 것이다.

자기 자신을 새롭게 변화시켜보는 것도 좋다. 평상시에 자신이 장점이라 생각하고 그것을 발전시키고 싶었던 것들을 떠올려 자신이 원래 가지고 있던 장점을 더욱 강화시킬 수도 있다. 그러다 보면 40대에 잃어 버렸던 것보다 더 좋은, 더 가치 있는 것들을 갖게 되는 기회를 얻게 될 것이다.

변화하고자 하는 마음을 먹는 데 가장 좋은 방법을 추천하자면, 독서다. 책은 많은 돈과 시간, 노력을 들이지 않고도 최고의 동기부여를 얻을 수 있는 도구다. 변화를 하기 위해서는 일단 '변화를 하고자 하는 마음'을 먹는 것이 중요한데, 책을 읽음으로써 나보다 먼저 도전하고 시도한 사람들의 이야기를 통해 간접 체험을 할 수 있고, 내 마음을 좀 더 풍요롭고 단단하게 해준다. 또한 책 속에서 '그렇다면 어떻게 도전해 볼 수 있는가'에 대한 답을 구할 수도 있다. 변화하는 법을 모른다면 변화하는 방법에 대해 다룬 책을 읽고 실천해보면 된다. 상당히 간단하다. 변화를 시도하기 전에 '내가 왜 변화해야 하는지, 무엇 때문에 변화가 필요한 것인지, 변화를 이끌어내기 위해서 내가 해야 할 일들은 무엇인지'를 독서를 통해 찾아가는 것이다. 독서는 모든 변화의 가장 기초 작업이자, 가장 확실한 방법을 일러주는 교과서다.

03

건강을 걱정하는
마흔에게

: 나만의 운동을 찾아라

육체의 노화가 시작되는 40대에는 주기적인 신체활동에 대해
지나치게 과신하거나 너무 무관심해진다.
그러므로 40대부터는 억지로라도 운동하는 습관을 들여야 한다.

: 나만의 운동을 찾아라

몸에 관심을
가져야 할 시기다

40대에 들어서면서 몸이 마음대로 움직이지 않을 때가 종종 생긴다. 또한 마음은 아무런 이유 없이 불안하고 간혹 우울할 때도 있다. 그럼에도 불구하고 한결같은 자세로 앞날을 향해 달려가야 하는 중요한 시기이므로 몸에 일어나는 증세부터 그냥 넘겨버릴 수 없다.

우선 몸속에서 은밀히 진행되고 있거나 시작된 변화에 주의해야한다. 이 변화는 확실하게 드러낼 만할 정도는 아니더라도 그 조짐이 몸 어디에선가 나타난다. 그 변화는 일과성이나 기분 탓으로 느껴질 만큼 미미한 정도라 무시하고 있을 수도 있다.

사람마다 다르겠지만 40대가 되면 몸에 나타나는 노화의 첫 단계가 머리카락과 눈에 나타난다. 남성들은 머리숱이 줄어들고, 여성들은 흰 머리카락이 눈에 띄기 시작한다. 눈이 침침해져서 뚜렷하게 보이던 물건들이 점차 흐릿하게 보이기 시작한다. 이 시기부터 노화가 슬슬 시작되는 것이다. 이제 첫 단계이니 앞으로 2단계, 3단계로 이어지는 긴 여정에 다리나 허리, 치아, 눈, 심장 등 차례로 약해질 후보들이 늘어난다.

또한 40대가 되면 직장에서 야근이나 철야를 할 때 예전과 다르게 힘들게 느껴지고 피로감이 몰려온다. 마음은 그렇지 않은데도 말이다. 40대에 철야 근무를 한 다음에는 며칠간 그 후유증이 따르고, 50대에는 철야 근무 자체가 불가능하다는 사실을 깨닫는다. 이제는 열정이 있어도 몸이 따라주지 않는 것이다.

40대는 무리하고 싶어도 무리할 수 없는 50대와는 조금 다르다. 억지로 무리를 하면서 내 몸에 무리가 된다는 사실을 의식하지 못한다. 나중에 조금 힘들게 느껴져도 그리 심각한 정도가 아니라 푹 쉬고 잘 먹으면 회복된다고 말할 수 있을 정도이다. 하지만 자기가 의식하지 못하는 사이에 피로가 축적되어 있다는 사실을 깨닫지 못한다는 데에 유의해야 한다. 40대에 그런 사실을 깨닫지 못하고 무리를 하다가 어느 날 한꺼번에 터지면서 문제가 발생하는 경우가 많다. 그리하여 병원을 찾지만 이미 엎질러진 물이다. 너무 늦게 깨달은 것이다.

40대에 온 힘을 다해 한참 달리다 보니 자신의 몸을 돌볼 겨를이 없었다. 40대를 보내면서 몸이 예전 같지 않다는 것을 얼핏 스치듯 느낄 수도 있지만 신경 쓸 상황이 아니었고, 인정하고 싶지 않은 기분도 있었을 것이다. 40대가 되었다고 해서 크게 달라진 것이 없으니 30대에 하던 대로 생활하면서 피로가 조금씩 축적되고 만 것이다.

30대 때는 눈코 뜰 새도 없이 바빠도 체력에는 여전히 자신감을 갖는다. 하지만 40대에 들어서면 자기 자신은 괜찮다고 생각하고 있지만 자신도 모르게 몸에는 무리가 간다. 몸이 무거워지고 마음도 여유를 잃게 되면서 얼굴 표정까지 달라진다. 그러한 모습을 자신은 알지 못한다.

나 자신의 건강에 자신감을 갖는 것도 좋지만 과신하면 어딘가 고장이 난다. 그때 후회하면 이미 늦는다. 따라서 적어도 40대 초반에 자신의 몸에 변화가 조금씩 일어난다는 것을 느끼게 된다면 그때부터는 건강관리에 힘써야 한다.

40대, 신체적인 특징

40대는 이제까지 쉴 새 없이 달려왔고, 지금도 달리고 있으며, 앞으로도 더 달려가야 할 시기다. 이 연령대는 생각과 행동이, 의식과 무의식이, 활력과 무기력이 때에 따라 다르게 표출되는 것이 순간순간 반응하는 모순의 용광로와 같다.

10대에 사춘기를 맞이하는 모습이나 40대에 사추기를 맞이하는 모습이 사람마다 차이가 나지만 공통된 점은 바로 신체적인 변화이다. 인간은 1, 2차 성장을 거치며 세월을 보내다가 노화의 단계로 접어드는 것이 자연의 섭리다. 하지만 인간이란 동물은 다른 동물에 비하여 변화의 단계에 생기는 간극을 자연스럽게 받아들이지 못하기 때문에 이를 극복하기 위한 여러 가지 방법이 필요한 것이다.

사추기 역시 사춘기 못지않게 격렬하다. 청년기를 보냈고, 자신이 노화의 길로 들어섰다는 것을 조금씩 자각하는 나이이기 때문이다. 이러한 변화를 인식하는 것과 인식하지 못하는 것에는 큰 차이가 생긴다. 의식이 우리의 사고와 행동을 지배하기 때문이다. 사회에서 어느 정도의 위치를 차지하고 있기 때문에 스스로 노화를 인식하지 못한다 하더라도 주위에서 지겨우리만큼 인식시켜 주기 때문에 사실상 의식하지 않고 지내기는 불가능하다.

먼저 신체의 변화로 흰머리가 눈에 보인다. 눈가에 잔주름은 말할 것도 없고, 얼굴 전체를 덮고 있는 굵은 주름에 대해서 고민한다. 한겨울에도 감기 한 번 안 걸린다고 건강을 자랑하던 때가 옛날이 되었다. 이제는 계절이 바뀌는 것을 감기를 통해서 알게 된다. 마음먹고 운동을 하려 해도 운동이 문제가 아니라 운동 후에 회복이 되지 않을까 겁이 나서 운동을 못한다.

40대에 신체적으로 나타나는 특징으로는 테스토스테론이 감소한다는 점이다. 남성의 모든 사고와 행동 패턴에 막대한 영향을 주는 것은 테스토스테론이라는 남성 호르몬이다. 남성이 태어나서 처음으로 맞이하는 격변기 증후의 대부분이 바로 이 호르몬 때문이다. 어린 남자애가 성인 남자로 변하는 시기를 '테스토스테론 치매기'라고 부르기도 한다. 우정, 의리, 자존심, 이성에 대한 강한 호기심 등에 목숨을 거는 이 시기에 남자는 모든 생물학적·사회학적 남자다움의 틀을 완성해 간다.

이 호르몬의 분비는 안정기를 거쳐 차츰 줄어들게 되는데, 40대는 바로 테스토스테론 분비가 줄어드는 출발점이자 연장선상에 있는 것이다. 이 시기에는 근육량이 줄어들기 시작하고 기억력도 예전 같지 않다. 이러한 신체적인 변화나 노화의 징후를 인지하는 순간부터 심리적 변화가 시작된다. 사소한 일에도 감정적으로 흔들리면서 쉽게 분노하고 좌절하고 생각이 많아지면서 갈등과 고민이 깊어진다. 그러면서도 '내 몸은 내가 제일 잘 안다'는 과신이 어느 세대보다 강하게 나타나기 때문에 운동을 소홀히 하게 된다.

운동하는 습관이
필요하다

비단 40대뿐만 아니라 어느 세대이건 건강을 지키기 위해서는 운동이 필요한 것은 두말할 필요도 없다. 40대부터는 더욱 운동이 필요하다. 40대에 운동하는 습관을 들이는 것은 종신보험에 드는 것과 같다.

사춘기를 거쳐 40대에 이르게 되면 신체적 변화나 노후의 징후를 인식하는 순간부터 심리적 변화가 시작된다. 사소한 일에도 감정이 흔들리면서 쉽게 분노하고 좌절하며, 생각이 많아지면서 갈등과 고민도 깊어진다. 스스로 소심해졌다고 느끼는 순간 신체적 활동도 덩달아 조심하게 된다.

심리적인 것과 신체적인 것이 서로에게 영향을 미치지만 일반적으로 그 출발선은 신체적인 쪽이 더 많다. 예를 들면 디스크 환자들의 90%가 우울증 환자라고 한다. 이것은 인체의 중심인 허리의 기능 이상으로 제한되는 운동의 영역이 몸 어느 한곳에만 국한되는 것이 아니라 전신이기 때문이다. 결국 운동 부족은 40대부터 정신에도 영향을 미치고 있는 것이다.

40대가 되면 지금까지 해오던 것에 새로운 변화를 주거나 온전히 새로운 것을 받아들여야 할 때로 호기심보다는 학습된 경험의 틀로 현상을 바라보는 경향이 강해진다. 이것은 여러 가지 원인이 있겠지만 일차적인 원인은 육체의 노화가 시작되는 40대에 주기적인 신체 활동에 대하여 지나치게 과신하거나 너무 무관심하기 때문이다.

또한 40대가 되면 대부분 자동차를 보유하고 있어서 짧은 거리에도 차를 이용하는 경우가 많으므로 활동성이 적어지는 것은 당연하다. 문제는 비활동성이 건강에 치명적이라는 사실이다. 최근에 발표된 여러 건강에 관한 연구결과를 보면 40대부터의 비활동성이야말로 높은 콜레스테롤이나 고혈압, 당뇨, 심장병보다 더 높은 사망 위험성을 정확하게 예측할 수 있는 중요한 요인이라고 한다.

반면에 적당한 운동은 암 발생의 위험을 줄여준다. 남자는 대장암을, 여자는 유방암의 위험을 낮추어주는 효과가 있는 것으로 조사되었다. 혈압과 호모시스테인, LDL 콜레스테롤 수치를 낮춰 심장병의 위험도 감소시킨다. 하버드 의과대학 연구에 의하면, 매주 1시간 이상 달리기를 하는 사람은 심장병에 걸릴 위험이 42%나 감소된다고 한다. 이처럼 심장이나 대장 내벽 등을 포함하여 몸의 모든 근육이 제대로 기능하려면 규칙적인 운동이 필요하다.

40대가 운동을 하면 혈액순환이 잘 되어 더 많은 영양분이 몸의 각 세포에 골고루 전달될 수 있다. 그리고 림프의 기능을 향상시켜 노폐물 배출시스템이 멈추지 않고 잘 작동하도록 해준다. 운동은 백혈구의 기증을 높이고 몸의 독성 물질을 땀으로 배출시킴으로써 면역체계를 향상시킨다.

이미 수많은 연구에 따르면 규칙적으로 유산균 운동을 하면 수명이 늘어난다는 것이 알려져 있다. 평균적으로 볼 때 100세까지 사는 사람들은 하루에 1시간 이상 걷거나 그에 상응하는 운동을 하는 것으로 나타났다.

대다수의 40대들은 몸을 별로 움직이지 않고 주로 앉아서 생활한다. 이런 사람들은 과체중이거나 당뇨병이 생길 가능성이 높다. 하지만 규칙적으로 운동하는 사람은 늙어서도 이런 문제가 생길 확률이 적다. 그러므로 40대부터 운동하는 습관을 들여야 한다. 건강을 위해서 시작하기에 40대는 결코 늦지 않다. 그뿐만 아니라 운동은 40대의 정신 건강과 행복을 위해서도 좋다. 운동은 기분을 좋게 하고, 불안감과 우울증을 줄여주며, 스트레스도 없앤다. 지능지수도 높여준다. 따라서 40대부터는 육체적·정신적 건강을 위해서 운동이 필수이다.

운동을 시작하기 전에
생각하라

중년의 문턱에 서 있는 40대는 캐내지 않는 금맥과 같은 시기이다. 미숙한 20대와 불완전한 30대에 비해 원숙함과 노련함이 더해가는 시기이다. 노력하기에 따라 마음과 몸이 조화를 이루어 남성으로서 가장 멋질 수 있는 시기이다.

40대가 운동을 시작하기에 앞서 생각해야 할 점은 다음과 같다.

첫째, 현재 상태를 인정하는 것이다. 운동을 할 때 현실적으로 냉정하게 자신의 현재 상태를 인정하는 것에서부터 출발해야 한다. 어려서부터 신체활동에 소극적이었던 사람이나, 나이 들어서 운동을 하지 않아 배가 불룩 나온 사람이나, 중년 나이에도 스태미나를 과시하여 운동에 열중하는 사람도 마찬가지다. 의욕을 갖는 것은 좋지만 우선적으로 자신의 몸 상태를 인정하는 것이 매우 중요하다.

둘째, 변화를 눈으로 확인하는 것이다. 운동을 시작하면 변화가 일어나기 마련이다. 이러한 변화는 운동을 시작하고 3개월 또는 6개월 후에 가장 강하게 나타난다. 6개월 정도 지나면 팔다리에 미약하나마 근육이 붙는다. 40대에 접어들어서 나름대로 운동을 시작한 사람들은 운동으로 생긴 변화의 의미가 남다를 것이다. 40대 중반에 운동을 시작하여 체계적으로 식습관도 바꾸어 꽃중년으로 다시 태어난 사람도 많다는 것을 기억하자.

셋째, 근육운동을 반드시 해야 한다. 각종 매체에서 중년은 운동을 말하면서 근육운동을 피하라고 한다. 근육운동이 무리한 운동이기 때문이다. 그러나 근육운동은 40대에는 반드시 해야 하는 운동이지만 무리해서는 안 되는 것이다. 무리한 근육운동으로 생기는 부작용은 40대뿐만 아니라 어느 세대에나 마찬가지다. 근육운동은 모든 신체활동의 기초가 되는 운동이므로 근육량이 증가하면 다른 스포츠 운동의 능력 향상에도 도움이 된다.

넷째, 컨디션 조절이 관건이다. 운동을 할 때 신경계의 반응속도는 운동을 하는 행위를 전체적으로 지배한다. 보통 컨디션이 난조를 보인다고 할 때 컨디션을 지배하는 것도 바로 신경계의 피로도이다.

따라서 운동을 할 때는 양보다 질을 위주로 해야 한다. 운동을 할 때 컨디션을 조절하기 위해서는 본 운동을 하기 전에 그만큼의 준비운동을 해두면 신경제를 자극해 컨디션을 조절하는 데에 도움이 된다.

다섯째, 옆 사람을 보지 말라는 것이다. 한 공간에서 운동을 하다 보면 수행능력이 좋은 젊은이나 같은 또래가 운동하는 것을 보고 오버페이스를 하는 경우가 있다. 40대 운동능력의 평균선이 따로 있는 것이 아니다. 같은 40대라고 해도 신체 나이는 아버지와 아들의 차이만큼 나는 경우도 있다. 꾸준하게 자신의 페이스대로 운동을 하는 것이 중요하다.

마지막으로 신체의 균형부터 점검하는 것이다. 운동을 잘하려면 우선 멀리 보고 천천히 가보겠다는 유연한 마음가짐이 필요하다. 그 다음으로 신체의 균형이 중요하다. 인체는 크게 전후좌우, 상체와 하체로 나뉜다. 우리 몸에는 필연적으로 불균형이 존재할 수밖에 없다.

운동을 시작하기 전에 우리 몸이 건전한 신체활동을 어느 정도나 수행할 수 있는 그릇인지를 체크해보는 것이 중요하다. 자칫 의욕만 앞서 자신의 신체 상태를 무시한 채 무조건 열심히 운동을 하다 보면 운동을 할수록 불균형이 심해질 수도 있다.

혼자 할 수 있는
운동을 찾아라

    40대부터는 근육량이 자연스럽게 적어진다. 바쁜 사회생활로 인한 부족한 신체활동은 근육량 감소를 더욱 부채질한다. 또한 40대에는 비만이 찾아오기 쉬우므로 체중감량에 초점을 맞춘 운동을 하는 것이 좋다. 상대적으로 저강도 운동에 속하면서 칼로리 소비량이 많은 운동을 해야 한다.

    운동을 한다고 해서 모두 효과가 있는 것은 아니다. 유산소운동을 해야만 진정으로 효과를 볼 수 있다. 유산소운동을 하면 호흡을 더 깊게 하게 되어 산소와 영양분이 필요한 곳으로 더 많이 도달되고 심장의 기능도 향상된다. 유산소운동을 적극 권유하는 것은 정신적 스트레스를 감소시키고, 체내 산소의 전달능력과 내분비 기능을 강화시킬 뿐만 아니라 체지방을 직접적으로 연소시켜 체지방량에 긍정적인 변화를 준다. 또한 지방 대사를 활성화시켜 콜레스테롤, 중성지방, 혈중지질 등의 성분 저하에 긍정적으로 작용한다. 혼자서 할 수 있는 유산소운동의 종류에는 걷기, 등산, 자전거 타기, 롤러블레이드 타기 등이 있다.

유산소운동은 아니지만 혼자 할 수 있는 운동으로 벨리댄스가 있다. 이것은 등이 딱딱하게 굳어 있을 때나 골반 부위에 좋은 운동으로 엔도르핀을 많이 만든다. 따라서 주로 의자에 앉아서 근무하는 40대에 권할 수 있는 운동이다.

그 밖에 혼자 할 수 있는 운동으로 요가를 꼽을 수 있다. 요가는 심호흡을 통해 몸의 조직에 산소를 많이 흡수함으로써 유산소운동과 같은 효과를 낸다. 그리고 대장기관은 물론 림프와 혈액의 흐름을 좋게 만든다. 요즘에는 혼자서 요가를 할 수 있는 애플리케이션이나 동영상이 많으므로 그런 도구들을 활용해 혼자서 조금씩 운동을 실천해보는 것도 좋다. 물론 전문가의 도움을 받는 것이 가장 올바르고 안전한 운동법이긴 하지만 시간과 비용이 여의치 않다면 맨손 운동도 큰 도움이 된다.

혼자 운동을 할 때 유의할 점은 지나치게 과한 운동을 하지 않도록 해야 한다는 점이다. 혼자서 하기 때문에 쉬었다가 운동을 하게 되는 경우 운동을 지나치게 할 수 있다는 위험이 있다. 40대에 지나친 운동은 오히려 노화를 일으키는 유해산소를 증가시키며 면역체계를 약화시키므로 삼가야 한다. 프로 운동선수들이 보통 40대에 은퇴하는 이유가 바로 여기에 있다. 지나친 운동은 노화를 촉진하는 스트레스 호르몬인 코르티솔의 분비를 증가시킨다.

지금까지 운동을 하지 않다가 40대에 이르러 건강을 위해서 운동을 시작할 때에는 하루에 몇 분씩 하다가 차츰 늘려가는 것이 좋다. 그렇게 하다 보면 언제부터인가 운동을 하지 않으면 몸이 가뿐하지 않고 기분이 좋지 않은 것이 금방 느껴져 점차 운동을 하고 싶어진다. 가까운 곳은 자동차를 타는 대신 걷거나 자전거를 이용하는 것이 좋다. 특히 걷는 운동을 지속적으로 해주면 평생 건강하게 살아갈 수 있는 토대가 마련되는 것이나 다름이 없는데, 마냥 걷기보다는 '물속에서 걷기, 계단 오르내리기, 스트레칭 후에 걷기' 등 자신이 가진 질병이나 통증에 적합한 걷기를 꾸준히 해주는 것이 좋다. 걷기는 혼자서 충분히 할 수 있고, 혼자서 해야 그 매력을 느낄 수 있는 운동이 아닐까 한다. 혼자 걸으며 사색을 할 수도 있고, 음악을 들으며 힐링을 할 수도 있기 때문이다. 특히 숲속을 거니는 것은 몸과 마음을 모두 챙길 수 있는 가장 좋은 운동이 아닐까 한다. 꼭 등산복을 입고 높은 산을 오르는 것만이 운동은 아니다. 동네를 걷더라도 바른 자세를 유지하며 내 발이 땅을 밟는 순간순간을 음미하며 깨어있는 것만으로도 좋은 운동이 될 수 있다.

40대가 키워야 할
4가지 요소

40대에는 건강만 유지하는 것에 만족할 것이 아니라 노화되지 않는 몸을 만들어야 한다. 이 시기를 놓치면 노화되지 않는 몸을 만들 기회가 없다. 노화를 막기 위한 몸을 만든다는 것은 곧 체력을 키우는 것이다. 체력이라는 말 속에는 지구력, 근력, 순발력, 민첩성, 평균성, 유연성, 마음대로 자기 몸을 가누게 하는 조정력 등 여러 가지가 있다. 이와 같은 요소 중에서 몸이 노화되지 않도록 하기 위해서 특히 중요한 것은 지구력, 근력, 유연성, 민첩성이다.

먼저 지구력이란 장시간 지치지 않고 몸을 움직이게 하는 능력이다. 40대에 조금만 움직여도 숨이 가빠오고 금방 피로를 느낀다면 건강한 40대라 할 수 없다. 이것은 지구력이 부족하기 때문이다. 일을 할 때나 놀 때에도 한 단락 지을 때까지 쉬지 않고 계속할 수 있어야 건강하다고 할 수 있다.

근력이란 근육을 움직일 때 근육의 힘을 말하는 것으로 모든 운동의 원동력이 된다. 건강한 남성을 3주 동안 침대에 누워있게 하고 운동을 하지 못하게 했을 때 근육이 15%가 빠졌다는 연구발표가 있었다. 근육이 떨어지면 바른 자세를 취하기가 어렵다. 머리가 앞으로 숙여지거나 등이 굽은 자세가 된다. 이런 현상은 보통 70세 이상된 노인들 중에서 많이 볼 수 있다. 이것은 모두 근력이 부족하기 때문이다. 근육이 쇠약해지면 생활의 자립이 어려워진다. 자기 몸을 자유자재로 움직이지 못하면 늙었다고 느끼게 된다.

유연성이란 근육이 부드럽게 움직이는 것을 말하며, 관절 움직임의 크기를 말한다. 근육이 굳어져서 관절의 움직임이 활발하지 못하면 경쾌하게 몸을 움직일 수 없다. 탄력성은 근육과 관절을 적당하게 자주 움직여 늙지 않는 몸을 만들어준다.

끝으로 민첩성이란 몸을 재빠르게 움직이는 능력을 말한다. 그 능력이 떨어지면 넘어지기 쉽다. 길을 가다가 무엇에 걸려 넘어질 뻔하거나 실제로 넘어진 사람은 자신이 늙었다는 것을 느끼게 된다. 실제로 나이 먹은 사람들이 잘 넘어지거나 넘어질 뻔하는 일을 자주 경험하게 된다.

이처럼 40대는 지구력, 근력, 유연성, 민첩성을 기르기 위해서 운동을 해야 한다. 움직이는 일이 많지 않고 운동마저 하지 않으면 체력이 떨어지는 것을 막을 길이 없다. 실제로 몸을 계속 움직이지 않으면 체력을 유지하거나 향상시키기 어렵다.

따라서 늙지 않는 몸을 만들기 위해서는 운동이 반드시 필요하며, 자신에게 맞는 운동을 찾아서 꾸준히 하는 것이 좋다. 운동은 즐겁게 할 때 바라는 효과를 기대할 수 있다. 즐기면서 운동하는 것이 늙지 않는 몸을 만드는 가장 좋은 비결이다.

흔히 운동을 '양날의 검'이라고 한다. 적당하게 하는 운동은 체력의 유지나 향상에 도움이 되지만, 지나치게 과하게 하거나 많은 힘을 가하는 운동은 관절이나 근육에 무리를 가하여 심한 경우에는 몸을 해치기도 한다.

노화를 방지하는
3가지 운동

40대가 노화를 방지하기 위해서 운동을 할 때는 안전하고 효과를 확실하게 볼 수 있는 방법을 활용해야 한다. 다음의 운동은 체력의 3대 요소인 지구력, 유연성, 민첩성을 기르는 데에 필요한 운동이다.

걷기 운동

40대에는 지구력을 기르기 위한 운동으로 10분 이상의 걷기 운동을 꾸준히 하는 것이 좋다. 오랜 시간 피로를 견디면서 몸을 움직일 수 있는 능력을 지구력이라 한다. 40대가 되면 지구력이 조금씩 약해진다. 이러한 지구력을 기를 수 있는 운동으로는 걷기 운동이 최고다.

걷기 운동은 다른 운동에 비하여 안전하면서도 효과적이다. 지금까지의 연구에 의하면 걷기는 안전성이 높고, 자칫 부주의로 발을 삘 수는 있어도 크게 다치거나 목숨을 잃는 위험은 없다. 또한 걷기 운동은 적은 비용이 전혀 들지 않는다는 점이 좋다. 걷기 운동은 특별한 장비가 필요 없다. 평소 입은 복장과 신발 그대로 충분히 할 수 있다.

걷기 운동을 하기 위해서는 먼저 걷는 습관을 들여야 한다. 이를 위해서는 생활 중에 걸을 수 있는 기회를 자주 만들어야 한다. 전화 통화를 할 때에도 가만히 앉아서 전화를 받지 않고 서서 왔다 갔다 하면서 전화를 받거나 높이가 20cm 정도 되는 받침대를 오르락내리락하면서 통화를 할 수 있다. 여행으로 오랫동안 기차나 비행기를 탈 때에도 앉아서 걸을 때처럼 발을 올렸다 내렸다 하거나 가능한 한 자주 자리에서 일어나 조금이라도 걷도록 한다.

걷기 운동을 할 때 지켜야 할 점은 걷는 자세와 운동의 강도, 시간, 빈도이다. 지구력을 기르려면 가능한 한 온몸의 근육이 활발하게 움직이도록 해야 한다. 몸 일부만을 움직이면 지구력의 원천인 심장과 혈관, 근육을 충분히 움직이게 할 수 없다. 따라서 머리, 어깨, 팔, 가슴, 등, 허리, 다리 등에 붙어 있는 근육 전부를 동원해서 걷는다. 이를 위해 다음과 같은 자세로 걸어야 한다.

① 고개를 들고 눈으로 먼 곳을 바라보면서 걷는다.
② 팔꿈치를 직각으로 굽힌 다음 팔을 앞뒤로 힘차게 흔든다. 팔

을 앞뒤로 크게 움직이기가 힘든 사람은 팔꿈치를 굽히고 옆으로 움직인다.

③ 무릎을 가능한 한 쭉 펴고 다리를 앞뒤로 힘차게 뻗는다.

④ 발꿈치로 착지하면서 발가락으로 지면을 힘차게 찬다.

운동의 강도는 심장박동수나 가슴이 답답해지는 것을 기준으로 삼는다. 지구력을 기르려면 걸을 때의 박동수를 138-(연령÷2)를 기준으로 한다. 심장박동수를 재기가 힘들 경우 가슴이 답답해지는 것을 기준으로 삼으면 된다. 걸을 때 가슴이 답답해지는 기준은 호흡이 약간 가쁘기는 하지만 옆 사람과 대화할 정도의 상태에서 걸으면 된다.

운동시간은 적어도 10분 이상은 되어야 한다. 너무 시간이 짧으면 지구력을 기를 수 없다. 너무 오래 걸어도 무릎에 무리를 주거나 심장에 부담을 줄 수 있다. 30분 정도 걷는 것이 가장 바람직하다.

스트레칭

40대 유연성을 기르기 위한 운동으로 얼굴, 표정근 및 종아리에 스트레칭을 하는 것이 좋다. 40대가 되면 얼굴 피부에 주름살이 잡히면서 노화현상이 나타나기 시작한다. 이때 얼굴 피부를 젊게 유지하기 위해서는 얼굴 스트레칭을 해주면 좋다.

얼굴에는 표정근이 붙어 있다. 얼굴의 피부를 스트레칭하려면 표정근을 움직이면 된다. 표정근을 스트레칭 하는 방법은 입을 크게 벌리고 내민 채 10초간 유지하면 된다. 입 주변이나 뺨의 피부를 스트레칭 할 수 있다.

나이가 들수록 가장 유연성을 잃는 것이 종아리에 붙어 있는 비복근이다. 비복근이 굳어지면 발목 관절의 움직임이 작아진다. 그렇게 되면 길을 걸을 때 힘차게 내디딜 수가 없어 보폭이 좁아지면서 노인네와 같은 걸음걸이를 하게 된다.

비복근의 유연성을 좋게 하려면 종아리 스트레칭을 하면 효과가 있다. 한쪽 다리를 앞으로 크게 내디디며 무릎을 굽히고 다른 쪽 다리의 무릎은 그대로 쭉 편다. 양쪽 발 뒤 전체를 바닥에 붙인 채 뒤에 있는 다리의 종아리 부분을 쭉 편다. 아픔을 느끼지 않을 만큼 근육을 늘려서 10~20초 동안 그 자세를 유지한다. 다리를 바꾸어 각각 3~5회 스트레칭 한다. 종아리의 비복근이 유연해지면 40대 이후에 일어나기 쉬운 넘어지는 사고도 예방된다.

빠른 스텝 밟기

민첩성을 기르기 위한 운동으로 마라톤이나 의자에 앉아서 빠른 스텝 밟기를 하면 좋다. 운동생리학에 의하면 근육 속에는 적근(赤筋)과 백근(白筋)이 섞여 있다. 이것은 모두에게 공통되는 사항이나 적근과 백근의 비율은 사람에 따라 다르다.

세계 최고의 운동선수들은 적근과 백근의 비율에 맞는 운동을 선택하고 있다. 적근 비율이 높은 사람은 지구력이 필요한 마라톤과 같은 운동을 하면 좋고, 백근 비율이 높은 사람은 신속함과 민첩성이 요구되는 야구 등을 선택하는 것이 효과적이다.

적근과 백근이 활발하게 움직일 시기가 20대이다. 이후 나이가 들수록 퇴화한다. 그러나 퇴화하는 방식은 적근과 백근이 다르다. 적근은 서서히 퇴화하여 70세가 넘어도 산책을 하거나 오랜 세월 걸을 수 있다. 하지만 백근은 30세를 넘으면 한꺼번에 퇴화한다. 그 백근의 퇴화가 젊음을 앗아가는 것이다. 백근이 퇴화하면 몸을 재빠르게 움직일 수 없어 노화현상으로 가장 많이 일어나는 넘어지는 사고를 당하기도 한다.

백근은 팔, 다리, 온몸의 근육 속에 존재한다. 노화와 운동이 부족하면 전부 퇴화한다. 백근의 퇴화는 몸의 부분에 따라 다르다. 가장 노화하기 쉬운 곳은 다리 근육 속에 있는 백근이다. 그러므로 늙지 않는 몸을 만들려면 다리 근육 속에 있는 백근을 단련해야 한다.

다리 근육 속에 있는 백근의 퇴화를 막으려면 의자에 앉아서 빠르게 스텝을 밟는 운동을 하는 것이 좋다. 의자에 걸터앉은 채 두 다리를 서로 움직이면서 전속력으로 스텝을 밟는다. 스텝을 밟는 시간은 3~5초 동안이면 충분하다. 의자에 앉아서 빠른 스텝을 하루 1~3회씩 한다.

우울증을 예방하라

현대에 있어 우울증만큼 무서운 병이 있을까 싶다. 우울증은 스스로를 해치기도 하고 남까지 해칠 수 있는 무서운 병이다. 요즘에 심심치 않게 일어나는 각종 사건사고에 '우울증, 정신분열'이 가장 큰 범죄 이유로 떠오르기도 한다. 하지만 우울증은 잘 드러나지도 않을뿐더러 스스로가 견뎌낼 수밖에 없다는 점에서 치료에도 어려움을 겪는 것이 현실이다.

우울증은 남성보다 여성이 많이 걸린다고 하는데, 아무래도 여성이 감정적으로 예민하고 가슴에 담아두는 성향이 남성보다 강하기 때문일 것이다. 심한 우울증에 시달리다 자신을 버리거나 사회에 악영향을 끼치는 사람들이 더욱 많아진다는 것은 개인적으로나 사회적으로도 암울한 일이 아닐 수 없다. 우울증뿐만 아니라 정신에 생긴 병은 젊었을 때 건강에 직접적으로 영향을 미치지 못하다가 40대가 되면 몸의 면역 기능을 떨어지게 하고, 기분을 가라앉혀 식욕을 떨어뜨리고 영양 상태가 악화되면서 그에 따른 폐해가 몸에 즉시 나타난다.

40대에 우울증에 걸린 사람들이 갑자기 확 늙어 보이는 경우를 우리 주위에서 많이 볼 수 있다. 그전까지는 실제 나이보다 젊어 보이던 사람들이 우울증을 앓고 난 후에는 10년이나 더 늙어 보이는 예도 많다. 우울증에 걸리면 나이가 들어 보이는 이유가 무엇일까? 뇌에 무엇이 어떤 작용을 하기에 우울증이 노화를 촉진시키는 것일까?

뇌 속의 신경전달 물체인 세로토닌은 또 다른 뇌 속의 전달물질인 도파민이나 노르아드레날린 등의 정보를 조절해서 정신을 안정시키는 작용을 한다. 도파민은 즐거움이나 쾌락을 관할하고, 노르아드레날린은 화를 내거나 놀람 등의 감정을 관할한다. 40대에 들어서면 이 세로토닌이 뇌 속에서 감소하기 때문에 우울증에 걸리기 쉬워진다. 따라서 40대에는 마음의 건강을 육체의 건강 못지않게 소홀히 해서는 안 된다.

전문가들은 다음과 같은 방법으로 우울증을 예방할 수 있다고 말한다. 당신이 우울함이나 근심거리에 오랜 시간 시달리고 있다면 다음과 같은 방법들을 하나씩 실천하며 마음의 근육을 단단하게 해나가길 바란다.

첫째, 육류를 많이 섭취한다. 세로토닌의 재료가 되는 트립토판은 육류 등의 동물성 식품에 많이 포함되었기 때문에 육류의 섭취량이 부족하면 결국 체내에서 우울증을 방지하는 세로토닌이 부족하므로 우울해지기 쉬운 상태가 된다고 한다. 따라서 우울증 예방을 위해 적당한 육류를 먹는 것이 좋다.

둘째, 수면을 충분히 취한다. 잠을 충분히 자는 사람은 우울증에 잘 걸리지 않는다고 한다. 나이가 들수록 아침에 일찍 일어나는 횟수가 많아지는데, 젊은 시절 이상으로 충분히 수면을 취하는 것이 좋다. 실제로 엄청난 양의 업무를 끝낸 후 마음의 건강 상태가 나빠져서 우울증에 걸리는 중년층이 많다. 아무리 업무가 바쁘더라도 수면은 충분히 취해줘야 한다.

셋째, 햇볕을 많이 쬔다. 30분 이상 1시간가량 햇볕을 쬐는 것만으로도 세로토닌의 분비가 좋아진다. 하루 종일 사무실 안에서 일을 하면 햇볕을 쬐는 시간이 부족할 수밖에 없다. 따라서 점심시간만이라도 사무실 밖으로 나가는 등 가능한 한 햇볕을 많이 쬐도록 해야 한다. 절전을 고려하여 사무실을 어둡게 하는 시간이 오래 지속되면 우울증에 걸리기가 쉽다고 한다. 40대 이상의 사람들은 마음의 병에 걸리지 않기 위해서 실내 조명을 밝게 하는 것이 좋다.

넷째, 평소 감사하는 마음을 가지려고 노력해본다. 우울감을 많이 느끼는 사람들은 모든 상황에서 불평불만이 먼저 떠오르기 마련이다. 의식적으로라도 안 좋은 생각보다는 좋은 방향에 초점을 맞춰 안 좋은 기분과 상황 속에서도 감사할 만한 일을 찾아보는 연습을 하자. 그리고 자신이 좋아하고 기분이 좋아질 수 있는 활동을 해보는 것도 추천한다.

다섯째, 욕심을 버리고 이미 있는 것에 만족한다. 욕심이나 욕망은 스트레스를 부른다. 기대하는 것이 있는데 뜻대로 이루어지지 않으면 바로 스트레스가 몰려오고, 자기 스스로를 하찮게 여기거나 비난하게 된다. 자신을 비난하면 당연히 기분이 안 좋아지고 극심한 우울감에 빠져 헤어 나오기 힘들게 된다. 어쨌든 순간순간에 자신이 어떤 기분에 놓여 있는지를 자각해 긍정적인 방향으로 돌리는 연습을 지속하는 것이 도움이 될 것이다.

기분이 좋아지는 영상을 보거나 웃긴 유머를 즐기는 것이 우울증을 몰아내는 데 적잖은 도움이 될 것이고, 우울하다고 사람들과의 만남을 피하거나 적게 가지기보다 활기차게 사람들과 어울릴 수 있는 활동을 해보는 것도 좋다.

몸에 좋은 지방을
섭취하라

　인체에 대해서 많은 연구를 한 학자들에 의하면, 노화를 방지하기 위해 40대가 의식적으로 많이 먹어야 되는 영양요소는 단백질과 지방이라고 한다. 물론 에너지가 많이 소비되는 40대이므로 탄수화물도 필요하고, 아침 식사 때 포도당 농도를 높이는 것도 중요하지만 무엇보다도 단백질과 지방을 많이 섭취해야 한다고 주장한다. 그것은 우리 몸이 원천적으로 전분 없이 단백질과 지방으로 구성되어 있고, 특히 지방은 세포의 젊음을 유지하는 데 중요한 것이기 때문에 반드시 지방을 적당히 섭취해야 한다고 주장한다.

　지방을 섭취할 때 유의할 것은 몸에 좋은 지방을 섭취해야 한다는 점이다. 지방에는 몸에 좋은 지방과 나쁜 지방이 있다. 전에는 동물성 지방인 버터보다 식물성 지방인 마가린이 몸에 좋은 것으로 알려졌으나 마가린에 함유된 트랜스지방산이 동맥경화의 원인이 된다고 알려지면서 몸에 해롭다고 판명되었다. 이렇게 바뀌게 되는 것은 오늘날 식품에 대한 연구가 활발해지고 인체에 무엇이 좋은지에 대한 연구도 많이 하게 되면서 좋은 지방과 나쁜 지방이 시대와 연구에 따라 바뀌게 된 것이다.

현재에 어떤 지방이 몸에 좋다고 확실하게 알려진 것은 없으나 '오메가3'와 '오메가9'은 몸에 좋은 지방으로 알려져 있다. '오메가3'는 정어리와 꽁치, 참치 등 생선에 많이 포함되어 있다. 이는 혈관이 잘 파열되지 않도록 하는 데에 도움이 될 뿐만 아니라 면역력을 키워준다고 한다.

세포의 염증을 가라앉히는 작용이 있어서 좋은 지방으로 알려진 '오메가9'은 올리브 오일, 특히 엑스트라버진 오일에 많이 함유되어 있다. 노화 방지의 세계적인 권위자인 클로드 소샤르 박사는 항상 올리브 오일을 가지고 다니면서 레스토랑에서 식사를 할 때 빵에 발라 먹는다고 한다. 오메가9은 거위 간에 많이 포함되어 있다.

옥수수나 대두유에 많이 포함된 오메가6도 몸에 좋은 지방으로 여겨지지만 너무 많이 먹으면 오메가3의 작용을 방해하기 때문에 오메가6과 오메가3의 섭취 비율은 4:1이 넘지 않도록 하는 것이 바람직하다고 한다.

40대에 건강하게 보이는 사람은 소위 'Young Forty'라 불리는데, 이들은 공통적으로 어느 정도 살이 좀 쪘고 머리숱도 풍성하며 피부

탄력도 좋은 사람들이다. 이런 사람들이 식사하는 것을 살펴보면 육류를 마다하지 않고 잘 먹을 것이다. 따라서 40대부터는 건강을 위해 육류나 기름을 멀리하는 것은 올바른 식습관이라고 할 수 없다.

04

미래를 고민하는
마흔에게

: 나를 찾는 여행을 떠나라

우리가 한평생을 바쳐도 빽빽한 숲의 나무 한 그루도
제대로 이해하지 못한다. 그러나 여행을 하게 되면
우리는 나무 한 그루에 대해서도 생각할 여유가 생긴다.
그것만으로도 우리가 여행을 떠나야 하는 이유는 충분하다.

: 나를 찾는 여행을 떠나라

인간의 참모습을
깨닫게 해주는 여행

여행을 하는 많은 사람들에게 '여행이란 무엇인가?'라고 물었을 때 그들의 답변은 다양하다. 그러나 공통적인 것이 하나 있는데 '여행은 힘들고 피곤하다'는 것이다. 여행은 떠나기 전부터 피곤하고 떠나는 중에도 피곤하며 돌아오고 나서도 피곤하다. 여행자들은 '피곤하지 않은 여행은 없다'고 이구동성으로 말한다.

하지만 이 모든 것을 감수하면서 여행을 떠나는 이유는 무엇일까? 여행의 이유에 대해서는 사람마다 다르고 여행하는 목적만큼 다양할 것이다. 그러나 대부분의 사람들은 불편함과 당혹스러움 사이에서 벼락처럼 내리는 행복을 맛보기 위해서 떠난다. 눈물이 나올 것 같은 푸른 바다, 그 앞에서 느끼는 해방감, 혀를 마비시킬 것 같은 맛있는 음식, 그것을 먹으며 느끼는 황홀감 등의 매혹 때문에 힘든 것을 물리치고 여행을 하는 것이다. 또한 여행을 떠나는 목적에 대해서 물으면 어떤 사람은 이렇게 대답하는 사람도 있다.

"내가 아무것도 아닌 것 같은 생각이 들어서 여행을 떠났습니다."

"모든 것을 지우개로 박박 지워버리고 싶어서요. 단지 그것 때문에 여행을 떠났습니다."

숲을 보고 있으면 인간의 운명이라는 것이 보잘것없다는 생각이 든다. 우리가 한평생을 바쳐도 저 빽빽한 숲의 나무 한 그루도 제대로 이해하지 못한다. 그러나 여행을 하게 되면 우리는 나무 한 그루에 대해서도 생각할 여유가 생긴다. 그것 하나만으로도 우리가 여행을 떠나야 하는 이유는 충분하다.

우리는 살아오면서 영어 문법, 수학 공식 등 많은 것을 배운다. 하지만 이 모든 것보다 가치 있는 것은 여행에서 배우는 것이다. 우리는 왜 북극곰의 개체수를 걱정해야 하며, 넬슨 만델라가 왜 존경을 받는지, 선물이 다른 사람의 기분을 왜 좋게 하며 나를 뿌듯하게 하는지를 여행을 통해서 배우게 되고, 그 배움을 생활 속에서 작은 것이나마 실천하고 있다. 그리고 그것들이 나를 좀 더 인간다운 인간으로 만들어 주고 있으며, 지금 내 인생을 훨씬 더 행복하게 해주고 있다고 믿고 있다.

한국을 찾은 프란치스코 교황이 어느 잡지 기자와의 인터뷰에서 제시한 '행복 10계명'에서 첫째 계명은 자신의 인생을 살면서 타인의 삶도 존중하라는 것이었다. 그 계명을 잘 배울 수 있는 방법이 여행을 떠나는 것이다. 여행을 하면 남을 존중하고 배려하며 더불어 사는 즐거움이 무엇인지, 예의가 우리를 얼마나 인간답게 만들어주는지를 알게 된다. 둘째 계명은 타인에게 마음을 여는 것이다. 남을 무조건 의심하고 믿지 못하는 것도 병이다. 사람은 의심하면 반드시 의심할 일이 생기는 법이다. 셋째 계명은 조용히 앞으로 나아가라는 것이다. 자신의 목표나 계획을 여기저기 떠벌리기보다 묵묵히 의연하게 자신이 해야 할 일을 해나가는 것이다. 누군가의 이목이나 평가에 집착하지 말고 자신을 믿으며 자신의 길을 걸으라는 의미일 것이다. 넷째 계명은 삶에 쉼이 필요하다는 것이다. 식사 때 TV를 끄고 식사에 집중하거나 혼자서 조용히 마음을 들여다보는 고요한 시간을 가져본다. 다섯째 계명은 휴일에는 가족과 함께 하는 것이다. 함께 즐거운 활동을 해도 좋고, 쉬는 시간을 가지는 것도 좋을 것이다. 여섯째 계명은 젊은 청년들에게 가치 있는 일자리를 만들어줄 수 있는 방법을 찾는 것이다. 만약 당신이 기업을 운영하는 대표라면 더욱이 고민해봐야 할 일이다. 청년들이 건강하고 생산적일 때 사회도 역시 건강해진다. 일곱째 계명은 자연을 존중하고 보존할 수 있어야 한다는 것이다. 우리는 자연으로부터 왔으며 곧 자연으로 돌아갈 것을 안다면 자연을 아끼는 일에 소홀할 수 없을 것이다. 여덟째 계명은 부정적인 태도를 버리는 것이다. 부정적인 태도는 어떠한 상황에서도 도움이 되지 않는다. 매 순간 최대한 긍정적인 생각을 하며 살아가는 것을 목표로 삼아라. 아홉째 계명은 개종시키려 하지 말자는 것이다. 다른 사람이 믿는 종교도 충분히 존중받아야 한다. 사람은 모두가 다른 생각을 하며 살아가므로 타인의 생각까지 내가 좌지우지할 수 있다고 생각하지 말아야 한다. 마지막으로 열째 계명은 평화를 위해 일하자는 것이다. 지금 이 시간에도 세계 곳곳에서는 상상할 수도 없는 전쟁과 공포에 시달리며 살아가는 사람들이 많다. 싸움은 절대 우리가 당면한 문제를 해결해주지 않는다. 평화야말로 세계가 나아가야 할 방향이다.

여행을 통해
얻을 수 있는 5가지

여행을 떠나면서 깨닫게 되는 첫 번째는 여행이 첫 '모험'이라는 사실이다. 모험을 말하면 사람들은 히말라야 등반이나 사람들이 한 번도 가보지 않은 오지를 탐험하는 것이라 생각할 수 있다. 여행은 그런 행동에서만 모험이라고 말할 수는 없다. 특히 특별한 체험이나 도전이 아니더라도 여행은 그 자체가 충분히 모험적이다.

40대가 지금까지 기본적으로 안락하고 익숙한 집과 고향 마을, 자신이 살던 도시와 자신이 태어난 나라를 벗어나지 못하고 다람쥐 쳇 바퀴 돌리듯 생활하다가 불확실한 미지의 세계로 발걸음을 옮기는 그 자체가 어떤 의미에서 모험이라고 할 수 있다. 따라서 여행을 결심한 순간, 짐을 꾸려 집을 나서는 순간, 우리는 벌써 새로운 세계와 모험의 세계에 들어선 것이다.

사람은 나이가 들수록 보수적으로 변하는데 특히 40대가 되면 보수적으로 변하기 쉬운 나이다. 40대에 보수적이 되는 이유 중 하나는 변화와 새로움이 두렵고 싫기 때문이고, 또 하나는 자신이 이미 많은 것을 갖고 있기 때문이다.

변화가 없다는 것은 발전과 성장이 없다는 것이고, 살아 움직이는 생명체에 그건 곧 죽음을 의미한다. 그런데 안타깝게도 40대가 되면 누구나 안전과 안정성에 대한 욕구가 커진다. 더 이상의 변화와 새로움을 추구하기보다는 어떻게 해서든지 안전하게 살려고 노력한다.

하지만 이런 모습이 바람직한 모습은 아니다. 안전만으로 삶의 의미와 가치를 붙잡을 수 없을 것이다. 더 이상 새로운 것을 찾아야 할 이유가 없고, 새로운 것이 귀찮고 두려우며, 변화 속에서 어떤 흥미와 희열도 느끼지 못한다면 그런 삶은 산송장이나 다름없을 것이다.

삶의 변화를 꾀하고 새로운 것에 흥미와 희열을 얻는 손쉬운 방법은 여행을 떠나는 것이다. 40대 단조로운 삶의 변화를 꾀하고 싶다면 여행을 떠나는 것이다. 불편하고 힘들다는 것을 뻔히 알면서도 여행을 떠나는 이유는 바로 여행을 통해서, 모험을 통해서 변화를 맛볼 수 있고 참된 자신을 발견할 수 있기 때문이다.

두 번째는 여행을 통해서 '깨달음'을 얻는 것이다. 미국의 소설가 마크 트웨인은 이렇게 말하면서 여행을 권했다.

"선입견, 편협함, 우물 안 개구리 근성을 없애는 데는 여행이 최고다. 그리고 우리들 중 많은 사람들에게는 이런 점에서 여행이 필요하다. 평생을 지구상의 좁은 구석에 처박혀 사는 동안에는 인간과 사물에 대한 폭넓고 건전하며 관대한 견해를 가질 수 없다."

여행은 일상에서 잠든 우리의 심신에 새롭고 신선한 자극을 주어 많은 것을 깨닫게 한다. 여행이 주는 깨달음은 사소하고 일상적인 것에서부터 철학적이고 존재론적인 것에 이르기까지 실로 다양하지만 모든 깨달음이 거창하고 그리 대단한 것은 아니다. 그러나 아주 작은 것 하나라도 진실로 깨우쳐 가슴속에 깊이 새겨 둘 수 있다면, 그리하여 40대의 무미건조한 삶을 바꿀 수 있는 힘이 된다면 그 가치는 무한하다.

많은 사람들이 '나를 찾기 위해서 여행을 한다'라고 말한다. 모든 깨달음 중에서 최고의 깨달음은 당연히 자신을 돌아보는 것이기 때문이다. 따라서 40대 아무런 깨달음도 없이 매일 반복되는 생활 속에서 보다 가치 있는 삶을 살기를 원한다면 여행을 떠나는 것이 좋다. 이왕이면 혼자 떠나는 것이 더욱 좋다. 혼자 여행을 하면 주위에 대해서 신경을 안 쓰고 오로지 자신만을 생각할 수 있기 때문이다.

세 번째는 여행을 통해서 '소통'에 대해 깨닫는 것이다. 특별히 40대에 이르면 소통이 부족하다. 직장에서는 위에는 소통하기 힘든 상사가 있고, 아래는 자기 자리를 탐내고 치고 올라오는 부하들 사이에서 원만한 소통이 힘들어진다. 그동안 누구와도 대화를 잘 하고 막힘이 없던 사람이 40대에 이르면 말수가 적어지고, 외톨이 신세를 면치 못하는 것이 대부분이다. 이런 40대에게 소통의 가치를 깨닫게 해주는 것이 곧 여행이다.

여행 중에 원주민이나 다른 여행자들과 소통하려고 애를 쓰는 이유는 소통이 감동을 주기 때문이다. 물론 별천지 같은 자연풍광이나 고색창연한 역사 유적을 볼 때에도 감동을 느낄 수 있지만 소통이 없다면 사람의 가치를 발견하기 힘들 것이다. 낯선 사람들과 만남에서 소통을 통하여 새로운 세계를 발견하게 되고 지금까지 살아온 삶과 다른 삶을 만나게 된다.

또한 소통은 만남의 완성이다. 여행이란 다른 세계와의 만남이다. 만남이 단순히 만남으로 끝나지 않고 여행자들을 성장시키는 것이 되기 위해서는 소통하려는 노력이 있어야 한다. 소통하려고 애쓰고 그러한 노력이 상호 이해와 연대의 디딤돌이 될 때, 비로소 여행을 업그레이드시키는 원동력이 된다.

네 번째로 여행을 통해서 '자유'를 깨닫게 되는 것이다. 40대가 되면 거의가 직장이 있고, 자식과 배우자가 있는 안정된 삶을 누리게 된다. 안정된 삶을 사는 순간 드라마틱한 변화는 없다. 또한 본인이 의식하든 의식하지 못하든 상관없이 적든 많든 속박된 삶을 살게 된다. 그러면서 우리는 때때로 다시 철갑처럼 단단한 틀에 갇혀버린

삶으로부터 도망쳐버릴 구멍을 찾으려고 몸부림을 치기도 한다. 그 몸부림의 하나로 '여행'을 들 수 있다.

여행을 간다고 생각하면 신이 나는 이유는 아무래도 바쁜 일상에 쫓기어 살다가 모든 짐을 내려놓고, 수많은 근심과 노예 같은 의무 따위를 훌훌 벗어던지고 잠시나마 자유인이 되어 자신의 느낌과 생각, 욕구에만 전념할 수 있기 때문이다.

그런데 실제 여행을 떠나보면 생각한 만큼의 자유를 누리지 못한다. 여행 중에도 삶은 지속되고 여행자들 또한 살아가는 데 필요한 최소한의 것들에 얽매일 수밖에 없다. 따라서 여행은 실제로 우리를 자유롭게 만들어 준다고 말하기보다는 평소 까맣게 잊고 있었던 자유의 의미와 가치에 대해서 생각하게 만들어준다. 낭만이라고 부르기도 하고 자연의 기적이라고 부르는 변화무쌍한 여러 가지 일들로 인해서 자유의 느낌을 갖게 된다. 그래서 여행하는 동안 가장 자유로운 사람이 되는 것이다.

마지막으로 여행을 통해서 '은총'을 깨닫는 것이다. 오늘날 세계 여행의 바람이 불면서 해마다 해외로 나가는 사람이 1,500만 명을 웃돌고 있다. 특히 휴가철이나 명절을 맞이하여 해외로 나가는 사람들로 인해서 인천공항은 북새통을 이루고 있다. 이제 해외여행은 특수한 사람만이 누리는 특혜가 아니라 보통 사람들도 누릴 수 있는 일상사가 되어버렸다.

우리나라는 2~30년 전만 해도 오늘날처럼 세계여행이 보편화되지 못했다. 몇몇 혜택 받은 사람들이 누리는 특권 중의 하나였다. 물론 오늘날에도 세계여행은 상상할 수 없는 사람들도 많다. 예전이나 지금이나 해외여행은 혜택 받은 자들만이 누리는 특권임에 분명하다.

혜택을 받는다는 것은 분명히 행운이고 은총이다. 그런데 인생에서 어떤 혜택과 은총을 받는 것이 꼭 자신의 노력이나 탁월함 때문은 아니다. 자신의 노력만으로 이루어졌다면 은총이라고 말할 수 없을 것이다. 특히 어느 세대보다도 무거운 짐을 어깨에 짊어지고 사는 40대가 잠시나마 그 짐을 내려놓고 여행할 수 있다는 것은 크나큰 축복이며 은총이다. 따라서 자신이 받은 은총과 혜택을 감사히 여기며 여행을 즐기되 자만하거나 우쭐대지 말아야 한다. 다른 세대보다도 인생의 중반에 서 있는 40대가 여행을 할 때 가져야 할 자세이다.

여행에서 보람을 느끼기 위한
10가지 조건

어느 세대나 여행할 때 모두 적용되는 조건이기도 하지만 특히
40대가 여행을 할 때, 보람 있는 여행이 되기 위해서는 다음의 10가
지 조건이 요구된다.

① 왜 여행을 떠나는지를 생각하고 출발한다

아무 생각 없이 무작정 여행을 떠날 수도 있다. 일상적인 생활 속
에서 어느 날 갑자기 문득 여행을 떠나고 싶다는 생각이 들어 서둘
러 떠난다. 이런 여행이 좋지 않다는 것은 아니다. 그러나 오랫동안
꿈꾸고 준비해온 여행이라면 왜 여행을 떠나는지를 곰곰이 생각해
보는 것이 좋다. 새로운 나 자신을 발견하기 위한 여행인지, 아니면
그동안의 삶을 되돌아보기 위한 여행인지 그 목적을 알 때 여행지도

정해지며, 그 여행은 더욱 보람 있는 여행이 된다.

② 열심히 준비하되 준비한 것에 얽매이지는 말라는 것이다

여행 준비는 보통 세 가지로 나뉜다. 첫째는 돈, 시간, 체력 등 하드웨어를 준비하는 것이고, 둘째는 정보와 배경지식의 소프트웨어 준비이며, 셋째는 자기 자신을 좋은 여행자가 되도록 꾸미는 것이다. 이런 준비는 가능한 한 철저히 준비하는 것이 좋다. 그러나 여행지에 도착해서는 융통성을 발휘해야 한다.

③ 조금만 더 투자한다

돈이든 시간이든 수고이든 정성이든 자신이 할 수 있는 만큼 최대한 투자하는 것이 좋다. 누구나 넉넉한 돈을 가지고 여행을 떠나는 것은 아니지만 너무나 작은 것에 연연하다가 큰 것을 놓치게 될 수 있다.

④ 과감하게 새로운 것을 시도한다

여행을 가면 모든 것이 낯설고 새롭고 신기한 것들로 가득 차 있다. 그러한 것들이 기쁨과 즐거움도 주지만 때로는 두려움과 스트레스도 준다. 하지만 익숙하지 않다고 하여 무조건 두려워해서는 안 된다. 여행자는 바로 그런 것들을 만나기 위해 그곳에 간 것이다.

⑤ 현지에 동화되도록 노력한다

고생하려고 여행을 가는 것은 아니지만 여행은 필연적으로 고생을 수반한다. 특히 저렴하게 여행하는 사람이면 수많은 불편과 고통을 감수해야 한다. 특히 40대에 여행을 떠나게 되면 체력도 고려해야 한다. 여행지에서는 현지인들과 소통하기 위해서라도 그들의 삶에 적응하는 것이 좋다. 현지인들의 생활습관이나 매너, 종교적 금기사항 등을 주의 깊게 살펴 평소 현지인들과 많이 접촉하는 것이 좋다.

⑥ 위험에 대비하고 항상 안전에 신경 쓰도록 한다

여행은 때때로 많은 위험이 따른다. 치안 상태가 비교적 좋은 곳에서도 언제든지 사고를 당할 수 있다. 먹는 식수에서부터 매일 먹는 음식으로 인해서 질병에 걸릴 위험이 따른다. 따라서 긴장의 끈을 늦추어서는 안 된다. 특별히 위험한 지역을 여행할 때에는 안전에 더욱 신경 써야 한다. 사소한 실수나 방심이 여행자의 모든 것을 앗아갈 수 있다. 치명적인 문제가 발생할 확률이 낮다고 하더라도 여행자는 최악의 상황을 대비하는 신중함과 지혜가 필요하다.

⑦ 누구나 다니는 길에서 조금만 벗어나도록 한다

여행자들이 다니는 곳은 대부분 한정되어 있다. 40대가 되면 어쩌면 여행을 여러 번 경험한 경우도 있을 것이다. 그러나 그때마다 같은 코스로 모든 사람들이 똑같이 여행을 하게 된다. 따라서 40대에 여행을 할 때는 특히 자신을 성찰하고 미래에 대해서 고민하기 위해 여행을 하는 것이라면 남들과 다른 곳을 보고 다른 경험을 해야 더 독특하고 개성이 넘치는 여행을 할 가능성이 높다. 따라서 남들이 가는 곳에서 조금 벗어나 새로운 시도를 해 볼 필요가 있다. 안내서에 소개되어 있지 않은 뒷골목 현지 식당이나 재래시장을 찾아가거나 조금 벗어난 곳을 찾아가는 것도 여행에서의 색다른 맛을 느끼게 될 것이다.

⑧ 눈과 귀와 마음을 열어야 한다

여행자들이 범하기 쉬운 가장 큰 오류는 매사에 심드렁해지고 오만해지는 것이다. '이 정도는 나도 다 안다', '이건 어디서 본 것 같다', '세상 어딜 가나 사람 사는 것은 똑같다' 등의 생각을 하면 감동적이거나 새로운 자신을 발견하는 여행을 하기가 힘들다. 따라서 여행 경험이 쌓이고 와 본 경험이 있는 것일지라도 겸손한 자세를 유지하면서 눈과 귀와 마음을 열도록 노력해야 한다.

⑨ 늘 자신을 먼저 돌아본다

많은 여행자들이 '더 좋은 장소, 더 좋은 때, 더 좋은 사람'을 찾아 여행을 떠난다. 세상에는 다른 곳보다 더 아름답고 특이하거나 기억에 남을 만한 장소도 있다. 그러나 이런 외적인 요소만이 중요하지 않다. 가장 중요한 것은 여행자 자신이다. 여행자인 나 자신이 어떤 사람인지를 스스로 돌아봐야 한다. 내가 미숙하고 무지한 속물이라면, 내 머리가 텅 비어있다면 이 세상 어디를 가서 어느 누구를 만나도 그 여행은 시시하다. 따라서 좋은 여행을 하려면 먼저 자신이 큰 사람이 되어야 한다.

⑩ 기록하고 정리한다

인간의 기억력은 한계가 있다. 시간이 조금만 흐르고 나면 정말로 기억해야 할 것, 여행을 다닐 때 그토록 중요하게 생각했던 것들을 대부분 잊어버리게 된다. 특히 40대는 20대와 달리 기억력이 더 녹슬어 있을 수도 있다. 이를 피할 수 있는 방법은 기록하는 것뿐이다. 간단하게 메모를 하든, 일기를 쓰든, 녹음을 하든 자신만의 방법으로 여행의 체험을 기록해 두는 것이 좋다. 그렇게 기록해 둔 기억들은 기록하지 않았다면 생각조차 할 수 없는 새로운 추억들을 선사할 것이다. 또한 기록해야 할 것들 중에는 지금까지 느끼지 못했던 새로운 자신에 대한 생각이나 앞으로 어떻게 살아야 할 것인가에 대해서 생각했던 것들이 포함되어야 한다. 기록하고 그 기록을 정리하는 가운데 여행을 통해서 얻은 당신의 감성이 더욱 풍부해졌음을 느끼게 될 것이며, 여행을 바라보는 당신의 눈은 한결 더 깊어질 것이다.

성찰의 계기를
마련해주는 여행

지금까지 인류가 취해왔던 여행도 우리의 삶처럼 다양한 형식을 취해왔다. 여행은 오랫동안 인류 역사와 함께 해왔다. 수렵채취를 위한 방랑생활, 노예와 토지 확보를 위한 정벌, 자원과 돈을 찾아 나선 항해, 식민지배와 자본의 확장을 위해 인류는 세계를 떠돌아다녔다.

일반적으로 여행을 가장 많이 하고 익숙한 건 상인이었다. 상인들은 그들만의 생존방식을 위해 위험을 무릅쓰고 국경을 넘어 산과 들과 바다와 강을 넘었다. 또 다른 여행의 주된 형식은 종교적 순례였다. 종교인들은 그들의 성지를 찾아 일부러 고행을 자처하며 기나긴 길을 걸었다. 이처럼 여행은 주로 생존과 밀접한 관계를 맺었고, 그렇지 않은 경우는 순례 같은 종교적 이유나 외교 같은 정치적 이유 정도였다.

여행이 더 넓은 세상을 경험하고, 그 속에서 세계와 자신을 새롭게 발견하는 깨달음과 감동의 형식으로 변화된 것은 최근의 일이다. 이것은 유럽에서 유행되었던 '그랜드투어'라고 불리는 문명여행에서부터 시작되었다. 17세기 중반부터 19세기까지 유행한 그랜드투어는 주로 상류층과 귀족들의 전유물이었는데, 무엇보다 수준 높은 교양과 학습에 그 의미를 두고 있다. 이때 여행자들은 오랜 여행을 통해 문명과 역사를 구석구석 배우고 비싼 예술품을 구매하며 부를 과시하는 것에 그 목적이 있었다.

현대에도 대표적인 여행 형식이 있다. 보편화된 여행 형식으로 '관광'이라 불리는 것이다. 관광에도 여러 가지 종류가 있겠지만, 적어도 많이 소비되는 관광의 형태는 분명히 존재한다. 그것은 타국의 명소를 중심으로 아름다운 관광지를 이동하며 세상을 구경하는 것이다. 패키지여행이든, 배낭여행이든 이러한 형식은 동일하며 주로 '볼거리' 위주로 빠르게 구경한 다음 다른 도시로 이동하는 것이다.

현대 여행에서 바라는 것은 어떤 교양, 공부, 배움이다. 이는 새롭고 이색적인 풍경을 보고 감동하고 세상이 넓다는 것을 다양한 세계에서 배우는 것이다.

한편 현대 여행이 계승하고 있는 또 다른 전통이 있다. 여행은 기본적으로 자신의 몸을 통해 먼 곳을 돌아다니는 것이다. 그래서 여행이 '외부세계'라는 공간과 밀접하게 관련되어 있다고 생각할 수 있다.

그러나 근래에는 여행이 오히려 보다 세밀한 자기 자신과 밀접하게 관련되어 있다는 생각도 많이 하게 되었다. 따라서 여행이 내면의 여행, 자아 발견의 여행, 자기 자신에게로 떠나는 여행으로 한 차원 높게 변모하게 된 것이다.

그리하여 많은 이들이 여행을 통해서 얻은 자기 자신에 대한 생각, 새로운 결심, 달라진 희망 등을 이야기한다. 이런 여행을 내세워 대중들로부터 많은 찬사를 받은 사람이 소설가 파울로 코엘료이다. 그는 여행을 근본적으로 '자아 찾기, 자신의 소명을 깨닫기, 자기 자신만의 신화를 발견하기'라는 차원으로 승화시켜 사람들의 공감을 얻었다.

이러한 여행은 자기 자신에 이르는 여행으로 변모되었다. 그리하여 '나를 찾아 떠나는 여행'은 저 드높은 산맥으로, 깊은 숲으로, 바다로, 강으로 사람들을 부른다. 이런 여행에 동참하는 사람들은 주로 40대가 주를 이룬다. 그것은 지금까지 가정과 직장만 알고 세월의 흐름을 타고 다니다가 40대에 이르러 자기 자신을 발견할 필요를 느꼈기 때문이다.

그들은 자기 내면의 가장 진실한 자기 자신의 존재를 향해 저 야생으로 나아간다. 자아라는 우리 내면의 핵심 혹은 우리 영혼의 정수, 더 나아가 우리가 실체라고 믿고 있는 그 어떠한 영원불변의 '나 자신'을 여행 끝에서 발견하기를 기대하면서 여행을 떠난다.

잃었던 '나'를 찾기 위한
종교적 순례

　자신을 찾는 방법 중에 가장 좋은 방법은 여행이다. 여행을 통해서 잊었던 자신을 발견하게 되고 진정한 자아를 발견하게 된다. 특히 순례의 길은 나를 찾는 가장 훌륭한 방법이다. 순례의 길을 생각하면 먼저 떠오르는 것이 스페인의 '카미노 데 산티아고(Camino de Santiago)'다. 일상에 지칠 대로 지쳐서 지금까지 쌓아왔던 모든 것을 버리고 인생을 리셋하고 싶은 순간 떠오르는 가장 대표적인 여행지이자 고행길이다.

　산티아고 순례길은 예수의 열두 제자 중에 한 명인 야고보가 선교를 위해 걸었던 길이다. 프랑스 생장에서 시작해서 스페인 산티아고 데 코포스텔라까지 800킬로미터의 길을 도보로 가는 순례길이다. 순례길을 걷기 위해서는 프랑스 생장피데포르에 위치한 순례자

협회에 방문하여 순례자 전용 여권을 발급받고 숙소를 배정받아야 한다. 프랑스 국경을 지나 스페인으로 들어서는 길은 참으로 아름답다. 붉은색 지붕의 예쁜 집들과 초록색 목장, 평화롭게 쉬고 있는 양떼들, 파란 하늘, 계곡에는 아름다운 꽃들이 피어 있으며, 가까이에서 우는 뻐꾸기 소리도 들린다. 론세스바예스에서 주비리로 가는 길목은 걸음을 옮겨 놓기가 싫을 정도로 아름답다. 길가에 핀 꽃들과 눈 맞추고 새소리를 듣고 양치는 목동을 만나게 된다. 그때는 누구보다 자유로움을 느낄 수 있다. 그곳에서 길을 걷는 사람들은 모두 순례길을 걷기 때문에 누구에게나 친절하고 만나는 모든 사람에게 인사를 한다.

주비리와 팜플로나를 거쳐 가다가 보면 용서의 언덕을 오르게 된다. 산등성이에는 당나귀, 개, 지친 순례자의 모습을 형상화한 조형물이 세찬 바람을 견디며 서 있다. 길게 이어진 경사로를 따라 언덕을 오르면 누구나 용서를 생각하게 된다. 아무런 이유도 없이 자신을 미워하던 사람들의 모습이 떠오른다. 지금까지 가슴에 원망을 품고 살았던 사람들의 면면이 떠오른다. 그때 그런 사람들의 이름을 부르면서 용서한다고 말하게 된다. 이렇게 순례의 길을 힘들게 걸어서 목적지에 오르게 되면 미워하던 사람도 자연히 용서하게 된다. 그렇게 미워하고 증오하던 사람들을 용서하게 되면, 그다음으로 자기 자신을 용서하게 된다.

"그동안 수고했어. 열심히 잘 살았지. 이제부터는 진짜 내가 하고 싶은 일을 하면서 살자!"

카미노상에는 많은 기념비가 서 있다. 십자가상과 그 길을 걷다가 죽은 사람들의 추모비다. 기념비 아래에는 돌탑들과 사진, 편지, 꽃들이 놓여 있다.

순례길을 한 번 다녀오면 누구나 생활이 바뀌게 된다. 그동안 바쁜 일상 속에서 근심 걱정으로 가득 차 있는 마음을 비우게 되고, 자신의 소중함도 알게 되며, 전보다 더 자신을 사랑하게 된다. 이러한 과정에서 진정한 나를 찾게 되는 것이다. 이 길을 걷다 보면 순례를 하는 많은 사람들을 만나게 된다. 그들이 가진 각각의 이야기와 눈물을 마주하게 된다. 그러면서 가장 마지막으로 당신이 얻게 될 가장 큰 선물이 있다. 바로 당신 자신이다.

당신이 짊어진 모든 근심과 걱정, 고민, 불안, 답답함, 문제들에 대한 답을 당신 스스로가 이미 가지고 있다는 생각이 들게 될 것이다.

퇴근 후 떠나는
1시간 여행

40대, 나를 위한 시간을 나 자신에게 선물해보고 싶다면 혼자 떠나는 '퇴근 후 여행'을 추천한다. 퇴근 후 여행은 먼 곳으로 여행을 떠났다고 관점을 바꾸어 생각하며 익숙한 우리 동네를 혼자서 거닐고 탐험하는 것이다. 복잡한 일이나 마음을 어지럽히던 관계의 문제는 두꺼운 외투와 함께 잠시 벗어놓고, 종일 손에서 떼지 못했던 핸드폰도 내려놓고, 오직 한 사람 나 자신만을 데리고 떠나는 여행이다.

이 여행의 좋은 점은 첫째, 간편하다는 것이다. 돈이 들지 않고 휴가를 낼 필요도 없다. 언제 어디서나 여행을 즐길 수 있다는 편리성과 즉시성이야말로 퇴근 후 여행의 장점이다.

둘째, 짧지만 깊은 휴식을 누릴 수 있다. 관점을 바꾸어 일상에서 멀어지는 순간, 많은 것에서 벗어나 편안해 질 수 있다. 일종의 정신적 스트레칭이다.

셋째, 바쁜 일상 속에서 잃어버렸던 '나'를 찾을 수 있다. 조용히 여행을 하다 보면 어느 순간 내가 아름답다고 생각하는 것에 집중하고 있는 나를 발견하게 된다. 내가 무엇을 좋아하고 무엇에 반응하는지 알게 된다. 지금까지 무심했던 자신과의 관계를 회복시켜준다.

넷째, 지구 반대편에서 온 여행자처럼 생각한다. 작은 여행을 하기 위해 현관문을 나서면 익숙한 풍경이 펼쳐질 것이다. 잠시 서서 바깥 공기를 깊게 들이마셔 본다. 공기에는 미세한 시간의 향기가 있다. 코끝으로 들어오는 공기에서 계절과 시간을 느낄 수 있다. 평소에 보지 않았던 하늘도 쳐다보고, 가로등도 보고, 앞 건물도 보면 매일 봐왔던 풍경이 조금은 다르게 보일 것이다.

익숙한 출근길도 좋고, 평소 다니지 않던 길도 좋다. 그저 발이 이끄는 쪽으로 걸어간다. 지금부터는 나에게 주어진 여행 같은 시간이다. 여유를 가지고 조금 천천히 걸으면서 주변을 관찰한다. 이전에는 자세히 본 적이 없는 것들에 시선을 주다 보면 무언지 모르게 기분이 좋아진다. 잠시 멈춰 눈을 감고 소리와 촉각을 느껴본다. 그것이 왜 나를 기분 좋게 만드는지, 편안하게 하는지를 생각해본다.

항상 복잡하던 도로에 차가 드문드문 지나가니 꽤 운치가 있어 보인다. 평소에 지나가던 카페 앞에 놓인 화분이 건강하게 잘 자라고 있음을 느낀다. 주변 조명이 기분 좋게 만들어준다. 곧이어 조그마한 미용실이 나타난다. 이제 보니 창문에 쓰여 있는 손글씨가 먼저 보인다. 뭔가 함부로 흉내 낼 수 없는 세월의 흔적도 느껴진다. 촌스러운 미용실인 줄 알았는데 이런 매력도 있다는 것을 새삼 느끼게 된다.

머물고 싶은 곳, 들어가고 싶은 곳, 해보고 싶은 것이 있다면 그냥 해보는 것이다. 커피 한 잔 마시기, 책 보기, 글쓰기, 점원과 대화 나누기, 사소한 것들을 해본다. 우리는 여행을 왔기 때문에 평소보다 용감해질 수 있다. 그리고 그 시간에 빠져보면 작은 여행의 매력을 흠뻑 느끼게 될 것이다.

어느 40대의 '나'를 찾기 위한 작은 여행

나는 어느 대기업 계약직으로 근무하고 있다. 아내가 있고, 중학교와 고등학교에 다니는 두 자녀가 있다. 직장생활은 치열한 경쟁의 연속이었고, 언제 정규직이 된다는 보장도 없다. 제일 먼저 출근하고 제일 늦게 퇴근한다. 집으로 돌아오면 이미 몸은 녹초가 된 상태였고, 나의 하루는 '일'과 '잠'으로 채워져 있다. '나'라는 존재가 점점 사라지는 기분이었다. 그렇다고 해외여행을 떠나기에는 내 현실이 너무 빡빡하다.

어느 날 지친 몸을 이끌고 침대로 들어서는 순간, 이런 생각이 들었다.

'이대로 잠들기엔 너무 아쉽다.'

이렇게 삭막한 하루들만 쌓이면 10년 뒤엔 내 삶이 어떤 모습일지 가늠이 되지 않는다. 피로감에 눈이 반쯤 감긴 나는 자신에게 주문을 걸었다.

'그래, 작은 여행을 떠나자. 집 근처 카페로, 공원으로 여행을 떠나는 거야. 아직 내 하루는 끝나지 않았어.'

호흡을 가다듬고 현관문 손잡이를 돌렸다. 남은 에너지를 최대한 길게 쓰기 위해 스스로에게 절전모드를 건다. 특별한 일을 한 것은 아니었다. 걷고 싶은 곳을 걷거나, 신기하게 보이는 것을 구경하거나, 커피를 한 잔 하며 책을 읽는 등 내가 하고 싶은 것을 했다.

익숙한 우리 동네이지만 낯선 곳으로 여행을 왔다고 생각했다. 평소에는 보지 못했던 새롭고 신기한 풍경들이 보였다. 그렇게 여행을 즐기다가 내 몸의 에너지가 1% 남았다고 느껴질 때 집으로 돌아왔다.

일상을 버리기 위해 최소한의 일탈을 시도한 것인데, 이 작은 여행이 나의 일상도 바꾸어 놓았다. 전반적으로 여유가 생겼다고나 할까. '나'라는 것이 조금씩 차오르는 기분이었다. 아마도 짧은 시간이지만 '나'를 잘 돌봐주었기 때문인 것 같다.

성찰을 필요로 하는
마흔에게

: 나만의 공간을 만들어라

나만의 공간에서 자신과 대화를 할 때는 비교, 책임 부정 등을 내려놓아야 한다.
나만의 공간에서의 대화는 나를 있는 그대로 수용하고,
우선적으로 나와의 만남을 강조한다.
가식이 없는 진솔한 나를 만나는 것이 필요하다.

: 나만의 공간을 만들어라

나만의 공간이
없어진 40대

40대가 되고 난 후의 마음은 사람마다 조금 차이가 있지만 허전함을 느끼는 경우가 많다. 겉으로 보기에는 전과 크게 다를 바 없지만 현실에서의 40대는 안정감과 거리가 멀다. 아직도 결정된 것이 하나 없는 불안한 삶이다. 게다가 책임은 몇 배나 늘어나 있다. 부모에 대한 책임, 자식에 대한 책임으로 숨이 막혀온다.

우리 사회의 40대는 외롭다. 자신의 속마음을 털어놓을 지인이 없어 속상한 일이 닥쳐도 '그냥 속으로 삭이고 말지', '어차피 내 말을 들어줄 사람도 없는데' 하고 체념한다. 그렇게 부정하며 사는 사이에 오랫동안 억압받아 온 감정들이 무뎌질 대로 무뎌졌다. 이제는 더 이상 내가 무슨 감정을 느끼는지조차 알 수 없다. 가까운 사람들과 진심을 나누는 방법은 잊은 지 오래다. 우리 모두가 아프지만 그

중에서도 이 시대의 가장들, 40대들이 누구보다 가장 많이 아프다는 것을 인정해야 한다.

40대들은 자신들을 드러낼 그들만의 공간이 없다. 그렇다면 집은 어떤가? 아쉽게도 집은 아내의 공간이다. 곳곳에 아내의 손길이 닿지 않는 곳이 없다. 물론 방은 있지만 아이들에게 하나씩 내어주고 나면 40대 남자들의 공간은 없다. 나만의 멋있는 서재를 꾸며 보겠다고 하지만 바쁜 직장인에게는 사치처럼 들린다. 40대들은 모두 비슷한 경험을 했을 것이다. 머릿속이 복잡해 아무 간섭도 받지 않고 혼자 있고 싶은데 그럴 공간이 없다.

내가 지치고 힘들 때 찾아들었던 조그마한 방, 누구의 간섭도 받지 않고 아무 말 없이 내 자신을 물끄러미 바라보며 나를 안아주는 그런 공간 말이다. 마음 편하게 자기 자신을 위로할 수 없는 우리 시대 40대들에게는 그런 공간이 어디에 위치하든 반드시 필요하다.

나만의 공간을 만든다고 해서 거창한 공간을 만드는 것이 아니다. 옆과 뒤를 돌아볼 여유조차 없이 앞으로만 숨차게 달려가고 있는 힘든 일상에서 잠시 도피해 나를 돌아볼 수 있는 작은 공간과 시간을 만들어보자는 것이다. 현재의 나를 바로 알고 치유하기 위해서는 지혜로운 도피가 필요하다. 새로운 출발을 제대로 하기 위해서 잠시 생각할 시간과 공간을 만들자는 것이다.

세상의 소리도, 남들의 시선도 없는 그곳, 나만의 공간에서 지친 마음을 어루만진다. 성급하고 초조한 마음으로 쉼 없이 뛰다가 지쳐

주저앉는 것보다는 잠시 숨을 고르며 생각할 공간과 시간을 갖는 것이 내 삶을 가꾸어 가는 좋은 방법이기 때문이다.

그 누구에게도 방해 받지 않고 나 자신을 돌아볼 수 있는 공간인 조그마한 방을 자유의 공간으로 활용해본다. '지금까지 살아온 나 자신에 대해서 후회하지는 않는지?', '고민이 있다면 어떻게 해야 하는지?', '앞으로도 계속 지금과 같은 삶을 살아야 하는지?' 등 40대에 갖기 쉬운 의문에 대해서 자신에게 질문을 던져본다.

우리에게는 새로운 것을 추구하려는 마음도 있지만 어느 덧 40대가 되면 변화가 두려워 이제까지 살아온 마음의 습관을 좀처럼 바꾸려 하지 않으려는 고집이 생긴다. 따라서 나만의 공간에서 잠시 시간을 보내고 나면 나 자신의 마음을 수시로 살펴보고 깨달은 바를 지속시킬 수 있는 힘을 갖게 된다.

40대가 되면 직장에서나 가정에서나 책임감 때문에 힘들어도 힘들다고 말할 수 없고, 아파도 아픈 티조차 낼 수 없는 것이 현실이다. 이럴 때 타인과 속마음을 털어놓는 것도 중요하지만 더욱 시급한 것은 자기 자신과의 소통이다. 자신과의 소통은 40대까지 살아온 지난 삶을 되돌아보는 것을 의미한다. 지금까지의 삶을 후회 없이 살아왔는지를 살펴보는 것이다. 다른 말로 하면 자기성찰을 의미한다. 성찰을 통해서 마음을 다잡는다.

나만의 공간에 들어가서 자신과 소통할 때 금기사항이 있다. 첫째, 무작정 나를 폄하하려고 해서는 안 된다. 둘째, 자신을 남과 비교해서는 안 된다. 셋째, 책임을 부정하면 안 된다. 넷째, 자기 자신에게 실천하기 힘든 무리한 요구를 해서는 안 된다.

　나만의 공간에서 자신과 대화를 할 때에는 폄하, 비교, 책임 부정 그리고 강요나 협박 등을 내려놓아야 한다. 나만의 공간에서의 대화는 나를 있는 그대로 수용하고, 우선적으로 나와의 만남을 강조한다. 부인도, 아이도, 직장의 상사도 아니다. 가식이 없는 진솔한 나를 만나는 것이 필요하다.

　이러한 나만의 공간은 나에게 믿을 만한 안식처가 되어 나를 보호해 줄 것이다. 또한 과도한 각성과 경계를 잠시 접어두고 내일을 위한 힘을 충전하며 지혜를 얻어가는 곳이다. 성장은 곧 나를 자각하고 성찰함으로써 가능하다.

29

자기성찰,
있는 그대로의 나와 만나라

나만의 공간에서 자기성찰은 사적인 공간에서 이루어지는 개인
적인 작업이다. 성찰이 이루어지는 장소가 물리적인 공간인지, 마음
의 공간인지 그리고 그 시간이 길고 짧은지는 중요치 않다. 몇 초가
될 수도 있고, 몇 시간이 지속될 수도 있다. 하지만 매우 사적인 작업
이라는 점에서 '나 자신을 위한 시간'을 확보해야 한다.

또한 자기성찰은 누군가가 대신해줄 수 있는 것이 아니다. 부모
가 공부를 대신해줄 수 없듯이, 다른 사람이 나 대신 밥을 먹어줄 수
없듯이, 자기성찰은 자기 스스로 해야 하는 것이다. 따라서 나 자신
을 위한 시간을 만드는 것에서부터 시작해야 한다.

하지만 오늘날 40대들이 처한 상황을 살펴보면 시간을 내어서 과
거를 되돌아보고 자기성찰을 한다는 것이 현실적으로 쉽지 않다. 성

찰이라고 말하면 성스러운 곳에서나 이루어지는 것으로 생각해서 쉽게 엄두도 내지 못하고, 여유가 생긴다 해도 습관이 안 되어 있어서 성찰이나 과거를 되돌아보는 작업은 불편할 뿐이다. 성찰은 커녕 '쉼' 자체도 사치에 가깝다.

휴가를 내어 그런 작업을 하면 되지 않느냐고 말할 수 있지만 오늘날 40대들에게 휴가는 또 다른 일의 연장에 지나지 않는다. 휴가 내내 정신적·신체적으로 시달리다 보니 휴가가 끝난 후에 업무에 복귀할 때는 오히려 더 피곤할 뿐이다. 이처럼 오늘날 40대들은 휴가라는 시간을 온전히 가족을 위해서 봉사하는 경우가 대부분이다.

이런 상황에서 나만의 시간을 만들어 그동안 하고 싶었던 새로운 활동을 할 수 있는 이들은 그나마 처지가 좀 나은 편이다. 일이 주는 압박감에서 벗어나 자유로운 경험을 하기도 하고 업무로부터 한 발짝 물러나 자신을 되돌아볼 수 있으니 말이다. 하지만 외부의 자극에 주의를 빼앗기다 보면 마음이 자꾸 밖으로 끌려갈 뿐 자기 자신에게 머물지 못한다.

성찰이란 지난 삶을 투명하게 되돌아보고 내 마음을 비춘다는 확실한 목표를 향해 나가는 치열한 작업이다. 따라서 휴식이 곧 성찰일 수 없다. 나만의 골방에 들어가 마음껏 나 자신을 탐색하고 들여다보면서 과거를 되돌아보는 작업임을 명심해야 한다.

자기성찰이란 자기 자신에게로, 과거 자신의 삶을 되돌아보는 것이다. 남이 아닌 자신을 주제로 하고 그 주제가 내 삶에 얼마만큼 개입했는지를 깨닫는 과정이다. 자기성찰의 이유는 여러 가지가 있겠으나 특히 대다수의 40대는 누군가가 자신에 대해서 말해줄 때마다 마음에 철갑을 두르며 이렇게 진담 반 농담 반 말한다.

"솔직히 내 인생에 좋을 때는 다 갔지. 그런데 이제 와서 무슨 영화를 보겠다고 나를 돌아다보고 고쳐야 하지? 나를 제일 잘 아는 사람은 바로 나야. 이제 뒤돌아보고 고친들 무슨 소용이 있겠어!"

인간이란 누구나 다 마찬가지겠지만 자존심에 남에게 지적받고 자신을 되돌아보고 고치는 일은 거의 불가능하다.

자기성찰과 투명하게 과거의 삶을 제대로 되돌아보기 위해서는 메모를 하면서 생각하는 것도 좋은 방법이다. 남들과 비교할 수 없을 만큼 뛰어난 장점은 무엇인지, 지금까지 그 장점을 살려왔는지 과거를 되돌아보면서 메모를 한다. 메모를 하다 보면 생각지도 못했던 일들이 문득 떠오를 것이다. 과거에 왜 그런 삶을 살아 왔는지 잊었던 일들이 떠오르면 그런 잘못을 다시는 저지르지 않겠다고 다짐하는 것도 성찰의 방법이다.

자신을 깊이 들여다본다는 것은 왠지 껄끄럽고 불편해서 피하고 싶을 수도 있다. 하지만 우리가 성찰을 하는 것은 스스로를 들여다보는 과정을 통해서 지금보다 더 성숙하고 풍요로운 삶을 살기 위함이다.

40대는 인생의 절반에 와있는 셈이다. 기껏해야 나의 인생 중 절반 정도가 지났을 뿐이다. 앞으로 살아갈 날들이 만만치 않게 남아 있다. 따라서 시간과 에너지를 들여 노력한다면 분명히 얻는 것이 있을 것이다. 내가 변하면 남도 변하고 내 관계도 변하니 결과적으로 좋은 일이 생길 수 있다.

주위를 살펴보면 생각보다 많은 사람들이 40대에 이르러 어제와 다른 나를 만들기 위해 시간과 에너지를 투자하고 그만큼의 값진 결과를 얻어낸다. 그렇다면 내가 못할 것이 무엇이 있겠는가? 우리도 한번 도전해보자. 안 하면 이룰 수 없지만 하면 언젠가는 이루게 된다.

스스로에게 관대하라

'스스로에게 얼마나 관대한가?'에 대한 점수를 매긴다면 40대들은 거의가 평균점 이하일 것이다. 40대들은 자기 자신에 대하여 인색하기 때문이다. 자신에 대한 불만을 이야기하라고 하면 생각을 하지 않고도 그냥 줄줄 나온다.

"일처리가 어리바리해서 상관에게 늘 혼이 난다."

"일을 딱 부러지게 처리하지 못해 늘 야근을 한다."

"마음이 여리고 약해 상사나 동료로부터 무리한 부탁을 받아도 거절을 못한다."

"저는 어렸을 때부터 그랬어요. 뭐 하나 제대로 하는 적이 없어서 늘 혼이 났죠. 우리 아버지도 그랬다는데 아마도 유전인 것 같아요."

이처럼 지나치게 자기비하나 비난의 덫에 걸린 사람들의 심리상태를 보면 두 가지로 요약할 수 있다. 바로 '후회와 보복'이다. 이들은 쉽게 실수나 실패에 대한 후회를 종종 한다. 다른 사람이라면 아무것도 아닌 시시한 일들까지 이들에게는 지나칠 수 없는 문제가 된다. 완벽하지 못했다는 점에서 후회를 한다.

40대는 먼 길을 가는 나그네인데, 한 번 넘어졌다고 해서 일어나지도 않고 '내가 왜 이렇게 똑바로 걷지 못했지. 처음부터 잘 걸어야 하는데…' 라는 후회하는 마음에 사로잡혀 앞으로 나아가려고 하지 않는다. 후회에 사로잡히면 자신의 상태를 이해하고 고려하기보다 남들이 정한 원칙에 비추어 '옳다', '그르다'를 판단하고 발을 동동 구르면서 후회한다. 자기반성을 통해 문제점을 분석해서 더 나은 행동으로 나아가기 위한 발전의 계기로 삼는다면, 후회나 실수에 집착하지 않고 또 다른 길로 나아갈 수 있게 된다.

자신에 대한 보복은 매우 은밀하게 이루어진다. 말로 자신을 무시하고 비하하는 말로 시작하여 실제로 자신을 해하는 행동으로까지 나아간다. 먼 길을 걷는 나그네는 후회 단계에서 툭툭 털고 일어나지 못한다. 그 후회를 넘어 자신을 보복하는 단계로 넘어가면 '한 번 넘어졌으니 또 언제 넘어질지 모른다', '다시는 먼 걸음을 생각하지 않는 것이 좋겠다'라고 생각한다. 자신에게 자유를 앗아가고 기회를 박탈하므로 결국 자신을 망치고 마는 셈이 된다.

반성과 죄책감은 다르다. 반성은 자기 비난에 빠지지 않는다. 하지만 죄책감은 건강한 반성으로부터 시작되는 자기이해가 없기 때문에 오히려 같은 실수를 되풀이할 가능성이 크다. 만족스럽지 못한 감정과 행동이 반복되고 있다고 느낄 때 자기를 공감한다면 내가 그럴 수밖에 없었던 이유를 성찰하면서 길을 찾을 수 있다. 쉬운 일은 아니겠지만 자신이 느낀 감정과 행동에 대한 이유를 찾아보며 의식적으로라도 자기 공감의 길로 들어서는 연습을 해보는 것이 좋다.

오늘날 40대에게 자기비난은 익숙하고 편안한 길이다. 이제까지 그 길로 다녔기 때문이다. 그러나 이제부터 자기비난이나 보복의 길을 선택하지 말고 자기감정을 이해하고 수용하는 길로 가야 한다. 그러면 앞으로 나아갈 수 있는 가능성이 더욱 커질 것이다.

성찰의 3가지 조건

40대가 자신을 성장시키기 위해서 자기만의 공간, 조그마한 방에 들어가서 자기성찰을 할 때 다음과 같은 세 가지 조건이 요구된다. 이 조건이 충족될 때 진정한 성찰이 이루어진다.

첫째, 솔직하게 자신을 바라보는 것이다. 나만의 조그마한 방에 들어가서 따스한 온돌바닥에 등을 대고 눕는다. 그리고 천장을 바라보면서 나의 감정들과 생각들에 대해 아무런 가치판단도 하지 않은 채 솔직하고 진솔한 태도로 나를 바라보는 것이다. 이때 '나를 속이지 말라'는 말이 중요하다. 남을 속이는 것은 어려워도 나 스스로 속이는 것은 식은 죽 먹기만큼 쉽다. 때문에 나를 속이지 말라는 말은 생각처럼 쉽지가 않을 것이다.

우리는 있는 그대로의 자신을 바라보지 못하고 왜곡해서 그것이 참인 양 받아들이고 살아간다. 그보다 참인 것을 입증하는 쪽으로 삶을 선택하고 경험한다고 해야 옳을 것이다. 이렇게 볼 때 '나는 내가 제일 잘 안다'는 말이 늘 진실은 아니다. 이런 말은 누군가 자신에게 직언할 때 상처받고 싶지 않아서 혹은 인정하고 싶지 않아서 자신을 방어하는 말이다.

우리는 자기 자신에 대해서 보고 싶은 부분만 보고 두렵거나 불안을 조장하는 면을 숨기려 한다. 심지어 누가 나의 긍정적인 면을 봐주어도 절대로 받아들이지 않는다. '그건 상대방이 나에게 해줄 말이 없어서' 또는 '나를 이용하려고 하는 말이야'라고 하면서 인정하려고 하지 않는다. 이러한 순간에 가장 나를 모르는 것은 다름 아닌 바로 '나'이다.

둘째, 무조건적으로 자신을 수용하는 것이다. 우리는 나를 괴롭히는 부정적인 감정이나 과거의 실수에 대해서 스스로를 용서하지 못하는 자신의 모습을 종종 발견한다. 다른 사람이 보면 그냥 툴툴 털어버리고 최선을 다해 남아 있는 삶을 살아가면 될 터인데, 본인 과거의 자신이 했던 수많은 실수를 단 하나도 잊지 않고 자신을 비난하며 성실하게 살아가지 못하는 핑곗거리로 삼는다. 자신을 수용하지 못하고 용서하지 못하는 것은 현실도피의 수단이기도 하다. 따라서 자신을 성찰할 때는 먼저 자신을 있는 그대로 받아들이고 수용하는 것이 전제되어야 한다.

마지막으로 공감하고 이해하는 것이다. 공감하고 이해한다는 것은 상대방의 감정을 알아주고 이에 반응해주는 것을 말한다. 감정을 함께 경험하고 느끼는 것이 우선이고, 그다음에는 느껴진 감정에 대해서 공감하고 반응해준다.

나만의 공간에서 경험하는 나 자신에 대해서 공감하고 이해하는 것도 상대방에게 하는 것과 같다. 다양한 감정이 생기는 것을 허용하고 나를 외면하지 않고 나 자신과 연결되어 있는 상태를 의미한다. 자기 공감은 여기서부터 시작된다. 자신의 감정을 받아들이고 공감하는 것은 내 인생 전체를 이해하고 감싸 안는 일이다.

나를 깊이 공감할 때 주변의 반응에 쉽게 흔들리거나 영향을 받지 않는다. 따라서 나 자신에 대한 공감과 이해는 매일 정신적으로 나를 강건하게 세우는 중요한 수단이 된다. 따라서 나만의 공간, 조그마한 골방에 들어가서 얼마 동안 성찰하고 나면 자신을 더욱 사랑하게 되고 강인한 나 자신을 만들게 된다.

침묵하고 호흡하고
자문하라

　나만의 공간에 들어가서 문고리만 잠그고 있으면 되는 것이 아니
다. 다음과 같은 방법으로 자기성찰과 과거를 되돌아보아야 한다.

　침묵하고 조용한 상태를 유지한다. 침묵을 한다는 것은 나로 하
여금 나만의 공간, 조그마한 방의 문고리를 잡는 것과 같은 의미다.
때때로 우리는 하루 대부분의 시간을 자신이 내뱉는 말로 가득 채우
고 있다. 그뿐만 아니라 우리 민족은 침묵하는 사람을 별로 달가워
하지 않는다. 말이 없으면 속내를 알 수 없다고 생각하고 침묵을 금
기시한다. 때문에 우리는 평소 대화할 때도 침묵을 잘 견디지 못한
다. 그리하여 TV에 나온 이야기, 시사 등을 말하며 상대방에게 마음
에 없는 칭찬을 한다.

우리는 침묵을 통해서 비로소 나 자신과 만날 수 있다. 침묵함으로써 내안에 있는 감정들을 조절할 수 있고 과거를 되돌아보면서 자기성찰을 할 수 있다.

호흡에 집중한다. 명상할 때 가장 기본이 되는 것은 호흡이다. 스트레스를 줄이는 방법을 가르쳐 주는 의사들도, 분노를 진정시키는 방법을 알려주는 심리학자들도 한결같이 호흡에 집중하라고 권한다.

그러면 호흡에 집중하는 것이 어떻게 하는 것일까? 여러 가지 복잡한 일로 머리가 아플 때, 마음이 불안할 때 잠시 하던 일을 멈추고 눈을 감아본다. 그러면 평소 느끼지 못했던 것, 즉 내가 호흡하고 있다는 것을 느낀다. 이때 호흡하고 있는 자신에게 집중하면 된다. 호흡을 하게 되면 나도 모르게 반복하고 있는 부정적인 마음의 습관들을 서서히 중지시키는 힘이 생긴다.

그렇다고 해서 호흡을 조절하거나 통제해서는 안 된다. 괴로운 일이 있어 한숨이 나올 때, 무엇인가를 시작하기 전에 숨을 들이마실 때 일어나는 생각이나 감정에 주의를 기울여야 한다. 이때 일어나는 감정이나 생각을 관찰할 뿐 비난이나 평가를 해서는 안 된다. 그렇게 되면 호흡에 집중하는 것이 아니라 비난이나 평가에 집중하게 되기 때문이다.

자문자답한다. 침묵을 통해 골방의 문고리를 잡았다면 이제 호흡에 집중하면서 골방에 들어가 나에게 중요한 질문들을 스스로 던져 보라.

"나는 이 상황을 계속 유지하면 좋을까?"

"지금 상황을 불러 온 것이 단순히 내가 잘못한 것일까?"

"앞으로 남은 내 삶을 어떻게 살아야 할까?"

스스로에게 이러한 질문을 하면서 답을 찾아본다. 이때 떠오르는 질문들을 메모하고 그 답에 대한 생각도 함께 메모한다. 그런 과정을 정답이 나올 때까지 계속한다. 그러면 어느 순간에 '이것이 정답이구나' 하는 생각이 떠오를 것이다. 그러면 재빨리 메모한 다음 그것을 실천하는 방법도 구체적으로 적어 본다. 그렇게 하는 과정에서 새로운 미래를 위한 방향을 찾게 될 것이다.

자신의 감정을 이해하는
5가지 방법

40대에 이르면 아무런 이유 없이 감정이 격하되거나 폭발하여 문제를 일으키는 경우가 종종 있다. 상대에게는 아무런 잘못이 없음에도 불구하고 과거의 기억 속에서 전이된 감정으로 인하여 감정이 조절되지 않는 경우가 생긴다.

회사에 다니는 어느 40대는 새로 입사한 젊은이를 볼 때마다 공연히 짜증이 나고 이유 없이 밉다는 생각이 든다. 그리하여 사사건건 잔소리를 하고 별일도 아닌 일에 공격적으로 돌변하는 자신이 이상했지만 그런 행동을 멈출 수 없을 만큼 그 젊은이가 싫다.

'도대체 왜 이러지?'

그는 자신만의 공간에 들어가서 잠시 생각을 해보았다. 그 결과 답을 찾았다. 그 젊은이의 생김새와 말투, 행동이 본인이 20대였을 때 자신을 그렇게 괴롭히던 동네 깡패와 많이 닮았던 것이다.

직장인뿐만 아니라 가족관계로 갈등을 겪는 40대들은 그 갈등의 원인이 대부분 그들 과거 속의 그림자에 있다. 하지만 그런 사실을 본인은 알지 못한다. 이제 그런 문제가 발생했을 때 현재 내가 불편을 느끼고 있는 원인이 상대방에게서 비롯된 것인지, 아니면 나로부터 비롯된 것인지를 한 번쯤은 살펴볼 필요가 있다.

이런 감정을 해결하는 방법으로 심리학자들이 권하는 다섯 단계를 소개한다.

첫째, 즉각적인 반응을 자제하면서 자신의 감정을 자각한다. 상대방이 어떤 행동을 할 때 그것이 나에게 못마땅하거나 다소 불편한 감정을 일으켰다면 즉각 반응을 자제하고 나에게 어떤 감정이 일어났는지를 살펴본다. 스스로에게 '잠깐!' 하고 외치는 것은 처음에는 잘 되지 않는다. 일단 감정이 올라오면 무엇보다도 반응을 보이게 되기 때문이다.

둘째, 불편을 느꼈던 그 감정에 머무른다. 그 감정 위에 있다는 것이 영 껄끄럽고 불편하겠지만 감정을 부정하거나 없애려고 하지 말고 있는 그대로의 감정을 들여다보는 것이다. 많은 40대들이 감정에 머무르는 것이 어렵다고 말한다. 남성들의 경우 껄끄러움이나 삐걱거림이 생기면 그 즉시 해결책을 찾아야 직성이 풀리기 때문이다.

하지만 현재 나의 감정을 충분히 느껴보지 않으면 정확한 해결방법을 찾기 어려워진다.

셋째, 자신의 전이 감정을 살펴본다. 자신의 감정이 편해지지 않으면 객관적으로 상대방을 바라볼 수 없다. 그러므로 감정을 조절하기 위해서는 먼저 자신에게 왜 이런 감정이 생기는지를 알아보는 자세가 필요하다. 그런 감정으로 상대방을 바라볼 수 없을 때는 우선 나 자신을 들여다봐야 한다. 나를 살핀 이후에 남을 살피는 것이 가능해지기 때문이다.

넷째, 상대방의 전이 감정을 알아본다. 대인관계에 문제가 생겼을 때를 살펴보면 어느 한쪽에만 책임이 있는 경우가 거의 드물다. 양쪽이 서로에게 전이 감정을 내뱉고 있는 경우가 허다하다. 그러므로 자신뿐만 아니라 상대방의 전이 감정에 대해서도 알아보면 문제를 그대로 파악할 수 있다. 또한 나에게 모든 책임을 씌우는 죄책감이나 억울함을 사전에 방지할 수 있다.

다섯째, 나와 상대방의 감정을 수용하고 인정한다. 서로의 전이 감정에 대해서 알게 되면 상황이 옳고 그름을 떠나 서로의 감정을 이해하게 되고 수용할 수 있다. 원인을 이해하게 되면 화가 날 이유도 없다. '그럴만하구나' 싶은 경우가 대부분이다. 따라서 나의 전이 감정과 동시에 남의 전이 감정을 알게 되면 갈등이나 감정의 충돌은 쉽게 해결될 수 있다.

33

잃어버린 '나'를 찾는
안식처다

인간은 관계 속에서 살아가는 존재다. 우리는 누구나 관계를 통해서 울고 웃는 경험을 반복하면서 살아간다. 삶을 살아가는 데 관계 속에서의 '나'를 떼어 놓고 상상한다는 것은 불가능하다. 그렇기 때문에 우리는 버려지는 것, 소외, 고독이라는 것과 나를 나란히 두려고 하지 않는다.

어쩌다 홀로 있는 시간에도 우리는 홀로 있지를 못한다. 온갖 공상, 잡념, 두려움, 불안, 분노, 억울함 등 내가 지어내는 마음의 세계를 열어 경험하고 있는 대부분의 감정들이 관계 속에서 느껴지는 경우가 많다. 혼자 있는 시간에도 우리는 관계를 떠나지 못하고 끙끙거리고 있는지도 모른다.

여기서 분명히 알아야 할 것은 나만의 공간에 들어가서 나를 찾고 과거를 점검하는 작업이 세상과의 관계를 거부하고 골방에서 홀로 구석에 틀어 박혀서 '세상이 언젠가 나를 찾아주겠지' 하고 막연히 기다리는 소모적인 시간이 절대로 아니라는 점을 알아야 한다.

나만의 공간에서 40대까지 살아온 지난날을 점검해본다. 무엇을 잘했고, 무엇을 잘못했는지를 찾아내어서 미래를 위한 나침판으로 삼는 것이다. 또한 지난날 직장에서 일 때문에, 가족관계 때문에 지쳐버린 나를 치유한다. 이유 없는 짜증, 불안, 권태 등이 밀려올 때 우리는 문제의 원인을 밖에서만 찾으려고 한다. 하지만 나만의 공간 작업을 통해서 스스로의 문제를 바로 알고 이것이 관계에 부정적으로 미치는 영향을 이해한다면 관계에서 생기는 갈등뿐만 아니라 내면적인 성장도 가능할 것이다.

공간에서의 시간은 단순히 고립된 시간을 갖는 것이 아니라 성찰을 통해 외롭고 힘든 나를 치유하면서 새로운 미래를 위해 준비하는 것이다. 지금 내가 겪고 있는 고통은 모두 내가 잘못해서 만들어진 것이라고 생각하는 것이 옳다. 남을 바꾸려고 하는 대신 '나'를 관찰하고, 과거 '나'의 문제를 깨닫고, 잃어버렸던 '나'를 찾게 되면 저절로 '내'가 변해가는 것이다.

나만의 공간에서 작업할 때 잊어서는 안 되는 중요한 것이 있다. 오늘날 마음의 건강함을 찾는 것이다. 매일매일 여러 가지 스트레스가 기다렸다는 듯이 얼굴을 내미는 현대인의 삶에서 아무런 노력 없이 마음의 건강을 유지하는 것은 쉬운 일이 아니다. 육체적 건강을 유지하기 위해 매일 운동을 하듯이, 마음의 건강을 위해 꾸준한 노력을 해야 한다. 필요할 때마다 나만의 공간에 들어가서 '마음의 운동'을 해본다. 신체적인 건강과 마찬가지로 마음의 건강 역시 그때그때 챙기는 것이 좋다.

그러면 마음의 건강을 위해서 필요한 것이 무엇인가? 우선 '변화를 위한 마음가짐'에서부터 출발한다. 성장하고자 하는 동기가 있어야 하듯이 나 자신을 보고자 하는 마음, 동기, 욕구가 있어야만 그 마음들을 에너지 동력으로 만들어 기나긴 성찰과 반성의 여행을 떠날 수 있다.

40대가 되기 전까지 자신의 문제를 감추는 데에 한몫했던 장치들을 과감히 벗어 던지고 마음의 건강과 더 나은 미래를 위해 자신을 마주하는 시간을 만들어본다. 그리고 과거를 성찰하면서 미래를 준비해야 한다.

06

지치고 피곤한
마흔에게

: 음악을 통해 위로를 받아라

마흔의 불안은 막연한 두려움이다.
그럴 때 불안감을 드러내는 음악을 들으며
내 안에 숨겨진 불안감의 정체를 알아차리고 받아들이면
마음이 한결 편안해질 것이다.

: 음악을 통해 위로를 받아라

인생의 변곡점을 맞이한
마흔을 위한 음악

"무엇 때문에 내가 그토록 일에만 매달렸었던가?"

직장의 굴레에서 벗어난 사람들은 스스로 이렇게 묻는다. 그러나 40대가 되면 아무런 안전망도 없이 갑자기 직장에서 길거리로 내몰리는 사람들이 많다. 평생직장은 옛말이 되었다.

40대는 자신이 미처 알지도 못했던 내면의 변화 요구 못지않게 원하지도 않는 외부의 압박도 받고 있다. 내면적으로는 세상에 어울리는 사고방식과 행동을 하도록 변화를 요구하고 있으며, 외면적으로는 더 높은 자리를 요구받지 못하면 진퇴를 결정해야 하는 시기가 된 것이다. 40대는 인생의 변곡점을 지나는 시기이다.

"나는 그렇게 노인도 아니지만 이제 나이를 느끼게 됩니다. 자주 지칩니다. 전과 달라서 피아노를 치는 것도, 밤에 책을 보는 것도 이제 어렵습니다."

이 글은 러시아 최고 작곡가로 알려진 차이코프스키가 48세에 쓴 편지의 일부이다. 당시 차이코프스키는 체력의 저하로 인한 악상의 고갈로 더 이상 작곡하지 못할 것 같은 좌절감에 사로잡혀 있었다. 그러나 그는 다시 작곡하지 못할 것이라는 절망감을 떨치기 위해 그해 봄부터 의식적으로 새롭게 창작의지를 불태웠다. 그러자 음악적 영감도 다시 되살아났다. 창작에 과도하게 몰두하는 바람에 그의 건강에 이상이 왔지만 마침내 '교향곡 제5번'을 완성하게 되었다.

'교향곡 제5번'은 중년의 차이코프스키가 겪은 삶을 진솔하게 나타내고 있다. 제1악장 첫머리부에는 자신을 가로 막는 운명의 힘이 무겁고 어두운 선율로 나타난다. 변화 없이 조금씩 높은 음에서 시작해서 천천히 하강하는 선율은 차이코프스키가 운명에 대해서 어쩔 수 없이 체념하는 모습을 나타낸다. 차이코프스키가 현실에 체념하여 달콤한 작은 행복에 안주할 때 선율이 불쑥 나타나서 현실의 어려움을 상기시켜 준다. 그리하여 이 음악은 차이코프스키가 처한 현실을 더욱 리얼하게 들려주고 있으며, 듣는 사람으로 하여금 가슴 깊이 울려 퍼지게 한다. 마지막 제4악장에서 차이코프스키는 운명의 힘을 극복하고 승리하는 자신의 모습을 힘차게 보여준다.

오늘날 중년기를 맞이하여 여러 가지로 압박을 받거나 시달리고 있는 40대들에게 차이코프스키가 자신을 무섭게 짓누르던 운명의 힘을 물리치고 강렬한 의지로 행진하고 있는 이 음악을 추천한다. 자신도 모르게 두 주먹을 불끈 쥐고 40대에 겪는 여러 가지 어려움을 물리치며 세상을 향해 힘차고 당당하게 나아갈 수 있을 것이다.

외로움을 느끼는
마흔을 위한 음악

오늘날 한국의 40대는 배고픔을 모르고 살아온 첫 세대이다. 대학에 들어가서 돌이나 화염병을 던질 이유도 없었고, 자유롭게 하고 싶은 대로 하며 살았다. 졸업한 뒤에도 오늘날처럼 취직이 어렵지 않았다. 그리하여 무난하게 취직하고 갓 입사하여 평사원으로 마냥 즐겁기만 한 시절에 IMF가 터진 것이다. 대량 해고 속에서 살아남은 사람들은 열심히 일했다. 그 결과 위기가 끝나고 정상화가 되면서 승진도 빨라졌다. 그렇게 정신없이 살다가 40대에 이르고 보니 회사에서는 중견사원이 되었고, 아이는 중학생이 되었다.

그러나 안정된 직장과 가정에서 안도하고 즐겁게 살려는 40대의 꿈은 이제 물거품이 되었다. 직장에서는 급속도로 변화하는 세상을 따라 가기가 힘들게 되었고, 명퇴라는 낯선 이름 앞에 하루도 안심하고 살 수 없게 되었다. 그때서야 "내가 어떻게 살았지?" 생각하며 숨 막히게 흘러버린 삶을 되돌아보게 된다.

이렇게 사는 동안 세대에 따라 느낌과 방식은 다르지만 한 가지 공통점은 저녁의 여유도, 미래의 확신도 없이 살고 있다는 점이다. 회사에서는 높은 상관들의 눈치 보기 바쁘고 언제 치고 올라올지 모르는 후배들과의 사이에서 샌드위치 신세가 되어 하루하루가 가시밭길과 같은 생활을 하고 있다.

지친 몸을 이끌고 퇴근해 집에 돌아오면 아이들은 게임기를 가지고 놀거나 자기들끼리 노느라 바쁘다. 아내 역시 TV 앞에서 자기가 좋아하는 프로를 켜놓고 보다가 "퇴근했어요?" 하면 그만이다. 그럴 때 이 세상에 '나 혼자'라는 느낌이 들면서 가슴 밑바닥에서 이유 없이 외로움이 밀려온다. 이런 외로움은 그래도 견딜만하다.

40대가 되면 이보다 더 큰 외로움을 느낄 때가 있다. 사랑하는 부모나 친구 등이 곁을 떠나갈 때이다. 40대가 되면 무엇보다도 낳아주시고 길러주시던 존경하는 부모님이 이때쯤 떠나게 되는 경우가 많다. 어떤 때에는 경제적으로나 여러 가지 이유로 사랑하던 아내와도 헤어지게 되는 경우가 생긴다. 그럴 때마다 느끼는 외로움은 오랫동안 가슴속을 헤집고 다닌다. 슬픈 감정은 잠깐이지만 툭하면 목이 메이면서 눈물이 쏟아질 것 같은 외로움은 오래 남는다.

이럴 때 차이코프스키가 작곡한 '교향곡 제1번 겨울의 꿈 제2악장 음산한 땅, 안개 낀 땅'을 틀어놓고 조용히 듣고 있으면 '동질의 음악'을 통해서 외로움이 조금이나마 가실 것이다.

인간은 누구나 다 그러듯이 차이코프스키 역시 외롭게 살고 싶지 않았다. 그러나 얄궂은 운명의 여신은 유달리 사랑했던 어머니도, 청년시절 결혼하려고 마음먹었던 연인도, 정신적·물질적 후원자였던 어느 미망인마저도 모두 그의 곁을 떠나고 만다. 모두 떠난 자리에 외로움을 달래줄 좋은 친구가 있었다. 그것은 곧 '자연'이었다. 모스코바 음악원 교수로 임명된 후 겨울에 친구와 함께 갔었던 북러시아의 전형적인 시골, 라도에서 황량하지만 아름다운 겨울 풍경을 바라보며 외로움을 달래고자 영감을 얻어 '교향곡 제1번'을 작곡했다고 한다.

차이코프스키가 제1악장과 제2악장에 각각 '겨울 나그네의 몽상', '음산한 땅, 안개 긴 땅'이라는 제목을 붙인 이 곡을 듣고 있으면 칼바람 음산한 안개, 얼어붙은 땅 이 모두가 외로운 마음을 더욱 얼어붙게 한다. 그러나 따뜻한 겨울의 햇볕은 얼어붙은 마음을 녹이고 한없이 넉넉한 자연은 외로운 마음을 감싸준다.

외로움을 달래고자 이 곡을 들을 때에는 집에서 들어도 좋지만 가까운 공원이나 자연을 거닐면서 들으면 더욱 진한 감동을 느끼게 될 것이다.

세상과 일에 실망할 때

    회사나 조직에서 자신이 승진할 차례라고 기대하고 있었는데 의외로 동료나 후배가 그 자리를 꿰차고 올라앉았을 때의 실망감은 말로 표현할 수 없다. 이런 일을 겪으면서 사직서를 내거나 이직하는 사람을 주위에서 많이 보게 된다.

    이뿐만 아니라 인생의 중반인 40대에 이르고 보면 지금까지 바라고 있던 일이 뜻대로 되지 않아 마음이 몹시 상할 때가 수없이 많다. 그럴 때마다 '변화시킬 수 없는 것에 헛되이 미련을 갖지 말고, 변화시킬 수 있는 것에 온 힘을 기울이자'고 마음먹으며 수없이 다짐해 보지만 그런 생각은 한순간이고 실망감이 더 크게 느껴진다. 이럴 때 슈만의 '바이올린 협주곡 d단조'를 들어보길 추천한다.

    '바이올린 협주곡 d단조'는 슈만이 세상을 떠나기 3년 전 가을에 작곡한 유일한 바이올린 협주곡이다. 당시 슈만은 그동안 앓고 있던 신경쇠약증이 더욱 악화되어 병마와 싸우느라 지칠 대로 지쳐 있었다. 그럴 때 작곡한 이 곡에는 희망을 잃고 방황하는 슈만의 모습이 잘 나타나 있다.

이 곡을 듣고 있으면 반복되는 정신병으로 서서히 지쳐가는 자신의 모습에 실망하면서도 다른 한편으로는 한 가닥 희망을 품어보려는 슈만의 굳은 의지가 느껴진다. 슈만은 이 음악을 통해 실망스러운 상황에서 자신의 모습을 애처롭게 느끼지만 거기에 굴복하지 않고 극복해보려는 굳은 의지를 잘 나타냈다. 듣는 우리로 하여금 실망보다는 희망을 느끼게 한다.

지금 자신이 원하는 대로 이루어지지 않는다고 일과 사람, 또는 자신에게 너무 실망하지 않아야 한다. 40대, 아직 인생의 절반밖에 살지 않았고 아직도 절반은 남아 있기 때문이다. 인생은 영원한 오르막도 내리막도 아닌 모두 하나의 과정이었음을 알게 되었으니, 잠시 여유를 가지고 이 음악을 들으면서 자신을 소중하고 귀한 존재로 느껴보길 바란다.

또 한 곡의 음악을 추천한다면 프랑스 작곡가인 모리스 라벨의 '볼레로'를 감상해보길 권한다. 음악에 조예가 깊었던 아버지와 스페인계 어머니의 영향으로 타고난 음악적 역량과 정서를 가진 모리스 라벨은 파리음악원에 입학했지만 불성실함과 게으름 때문에 쫓겨났고 개인 레슨으로 관현악에 대해 공부를 이어나갔다. 그는 많은 명곡을 남겼지만 특히 '볼레로'라는 곡은 처음에는 소박하게 시작하지만 점점 웅장해지는 느낌의 음악이다. 어쩌면 이 음악이 자신의 삶을 대변하는 듯 느껴진다. 비록 처음에는 타고난 재능에도 불구하고 파리 음악원에서 쫓겨날 수밖에 없었지만, 결과적으로는 드뷔시와 어깨를 나란히 하는 인상주의 음악의 대표 작곡가로 성장한 것처럼 말이다.

이 곡을 들으며 시작은 미약하나 그 끝은 창대해질 당신의 모습을 그려보는 것은 어떨까. 너무 비약적인 비유일까. 판단은 당신의 몫이다.

삶이 허무하고 불안한
마음이 느껴질 때

40대가 되어 조직 내에서 상응하는 지위에 올라가지 못하면 자연
스럽게 주위로부터 고립되고, 관심을 받고 싶어 하는 이들로부터 인
정받지 못했다고 생각하면 자연히 어깨가 축 처지게 된다. 또한 그
런 상태가 지속되면 주변이 암울하게 느껴지고 평소에 잘 먹던 음식
도 아무런 맛을 느끼지 못한다.

'내가 마지막으로 웃어본 날이 언제였지?' 하는 기분이 들면서 왠
지 가슴속이 텅 빈 것 같고 삶의 의미를 더는 찾아내지 못할 것 같은
기분이 든다. 특히 이런 기분은 의지했던 사람과 갑자기 헤어졌거나
부모님 중 어느 한 분이 세상을 떠나는 상황이 되면 더욱 처절하게
느껴진다.

어떤 이유에서든지 허무함이 느껴진다면 브람스의 '교향곡 제3번'

제3악장'을 들으면 좋은 위안이 될 것이다. 브람스는 평생 독신으로 살았는데, 브람스가 50세가 된 해에 한 여인이 혜성같이 나타났다. 자신의 가곡을 아름답게 부르는 26살의 처녀인 헤르미네 슈피스를 본 브람스는 그녀의 가수 활동을 적극적으로 도와주었다. 이렇게 50대 초반인 브람스가 슈피스에 대한 애틋한 감정을 가슴속에 안고 작곡한 곡이 '교향곡 제3번'이다. 하지만 그녀와 함께 할 수 없는 안타까움과 허전함이 제3악장에 고스란히 드러나 있다.

이미 50대가 된 브람스는 함께 할 수 없는 슈피스에 대한 감정을 이 음악으로 대신했다. 그런 과정을 통해 독신으로 살아온 삶에 대해 조용히 되돌아보고 스스로 위로하는 음악을 만들었던 것이다.

'동질의 원리'로 감정치료

불안감을 전혀 느끼지 않는 사람은 한 사람도 없을 것이다. 경영자는 경영자대로 오늘날과 같은 불확실성 시대에 회사의 경영상태가 언제 악화될지 불안을 느낄 것이고, 간부급에 있는 사람은 언제 명퇴의 칼바람이 불지 항상 불안을 느끼며 산다. 인간은 원래 불안한 존재이다. 자신감이 넘치고 행복감에 들떠 있는 사람이 정말 존재할까? 심리학자인 앨버트 엘리스 박사는 '이렇게 자신감이 넘치고 불안을 모르는 사람보다 얼마간 불안한 것이 더 낫다'고 말했다. 문제는 지나친 불안이다.

회사 경영진을 포함하여 수백 명의 직원 앞에서 프레젠테이션을 할 때 손에 땀이 나고 침을 삼키는 것은 당연하다. 그러나 마이크 앞에서 한 마디도 못하고 단상에서 도망치듯 내려온다면 심각한 문제다. 불안이란 대상이 없는 두려움을 말한다. 불안을 느끼는 사람들은 막연하여 무엇이 걱정인지 자신도 알 수 없다고 호소한다.

불안은 공포만큼 심각하지 않지만 당장 해결이 불가능한 경우가 많다. 자신이 명퇴대상에 들었는지 몰라 불안을 느꼈을 때 그것을 알기 위해 인사담당자에게 물어볼 수도 없는 노릇이다. 따라서 명퇴에 대한 막연한 두려움에서 불안을 느끼는 것이다. 심지어 아무 일이 없어도 혼자 어떤 상황을 생각하며 호흡이 가빠지기도 한다.

불안은 기억에 남는다. 훗날 머릿속에 되살아나 무엇이 불안한지, 그 대상이 무엇인지 확실치 않은 채 불안만 남기 쉽다. 불안할 때는 불안한 마음을 표현한 음악을 들으면서 '동질의 원리'로 오히려 불안감을 극복할 수 있다. 동질의 원리는 미국에서 발표한 음악치료 이론으로 지금의 감정과 일치하는 음악을 들음으로써 그 감정을 치료할 수 있다는 원리를 말한다.

불안을 주의 깊게 받아들여 동질의 음악을 들으며 불안을 확실히 없앤 다음 조화와 균형을 이루는 음악을 듣는다. 이런 과정을 통해서 마음은 더욱 긴장하고 자신감을 느끼게 된다는 이론이다. 러시아 출신 스트라빈스키의 '불새'는 불안정하고 음산한 느낌을 주는 선율이 특히 인상적이다. 이 음악은 왕자 이반이 불새의 도움으로 마왕에게 잡힌 왕녀를 구한다는 환상적인 내용의 음악이다.

불안은 막연한 두려움이다. 이럴 때 불안감을 드러내는 음악을 들으면서 자신의 마음속에 숨어 있는 불안감의 정체를 알아차리고 불안감을 받아들이면 마음이 한결 편해질 것이다.

우울함과 초조함을
벗어나고자 할 때

살다보면 가끔 이유도 없이 우울할 때가 있다. 특히 40대에 우울함을 더욱 많이 느끼게 된다. 40대가 되면 회사에서 대화할 마땅한 상대가 없다. 위의 상관들은 이미 지체 높은 간부들이라 다가서기 힘들고, 부하들은 중간부가 된 40대에게 거리감을 둔다.

가정생활은 어떤가? 귀가하면 각자 따로따로다. 아이들은 이제 아빠와 놀지 않고 자기들끼리 어울린다. 아내는 아이들 얘기가 대화의 주제다. 그럴 때 특별한 이유도 없이 우울함을 느끼게 된다. 우울함을 느낀다는 것은 해결하지 못한 불쾌한 감정이 있다는 표시다. 따라서 우울하다는 것은 균형 있는 감정을 유지하는 데에 꼭 필요하기도 한다.

우울함을 느낄 때는 활동을 잠시 멈추는 것이 좋다. 우울한 상태에서 빨리 빠져나오기 위해 애쓸 필요는 없다. 왜냐하면 바로 이럴 때 나 자신의 내면을 들여다보고 나 자신을 찾는 기회가 될 수 있기 때문이다. 사람들은 우울할 때 자신을 외부 세계와 고립시키고 혼자 있고 싶어 한다. 하지만 너무 오랜 시간을 혼자 있다 보면 자신도 어떻게 할 수 없는 무기력증에 빠지게 된다.

차이코프스키는 젊어서부터 우울증에 빠져 평생 시달렸지만 음악으로 완화하려고 노력했다. 20대 후반부터 우울증이 더욱 심해진 차이코프스키는 26세 때 모스크바 음악원 교수로 갈 무렵 동생에게 보낸 편지에서 "나를 잠식하는 우울증은 지독하구나. 나는 어젯밤 혼자서 10번이나 울었다"고 썼다. 이런 아픔을 겪은 후에 쓴 곡이 '우울한 세레나데'였다고 한다.

이 곡은 협주곡 형태로서 오케스트라 반주를 동반한 독주용 소품이다. 차이코프스키는 세레나데 앞에 우울하다는 뜻을 가진 '멜랑콜리'를 붙였는데, 말 그대로 처음부터 우울한 분위기를 나타내는 선율을 들려준다.

차이코프스키는 자신의 우울함을 받아들였다. 아름다운 선율로 우울함을 표현하면서 따뜻하게 감싸 안기도 했다. 우울한 기분에 빠진 사람은 자기비하로 인해 사기가 땅에 떨어지기 쉽다. 이럴 때 차이코프스키처럼 우울증을 이해하고 감싸 안으면서 한편으로는 벗어나고자 했던 이 음악을 들으면 큰 위로가 될 것이다.

초조함에는 인내심이 필요하다

40대에 나름대로 성공을 거두고 부럽지 않은 지위에 있을지라도 매우 복잡 미묘한 갈림길에 서 있는 것이다.

'언제까지 이런 생활을 계속할 수 있을까?'

'내가 이렇게 살아도 될까?'

'지금처럼 계속 살아가도 후회하지 않을까?'

'10대에 내버려 둔 것을 돌아보지 않아도 될까?'

이런 고민 속에 공연히 초조함을 느끼게 된다. 왜냐하면 40대에 작은 성공을 거두었을지는 모르지만 그것이 계속된다는 보장도 없고, 또 미래의 행복을 보장받을 수 없기 때문이다. 그것이 40대의 정체이다. 그리하여 초조함을 느끼게 된다.

이것뿐만 아니라 우리의 안위를 위협하여 초조하게 만드는 일들이 많이 일어난다. 질병, 생계, 노화 등으로 인한 불안은 현대 사회의 특징 중의 하나로 꼽힌다. 불안은 우리를 조급하게 만들고 초조하게 한다. 그러나 조급해진다고 이런 문제들이 금방 해결되지 않는다. 모두 어느 정도의 시간이 걸리고 상당한 노력으로 해결될 수 있다. 이럴 때 필요한 말이 '인내심'이다.

음악가 중에는 엄청난 인내심으로 조급함을 이겨낸 이들이 많다. 중요한 점은 이런 음악가들이 무작정 인내하고 기다리기만 하지 않았다는 점이다. 모리스 라벨은 손가락 마비와 자동차 사고로 인한 뇌손상을 입어서 친구에게 간단한 조문을 보내는데도 무려 8일이나 걸렸다고 한다. 그런데도 굉장한 인내심으로 작곡을 해냈다.

모리스 라벨의 '왼손을 위한 협주곡'은 오스트리아의 유명한 피아니스트 파울 비트겐슈타인이 제1차 대전에서 오른팔을 잃게 되자 라벨에게 남은 왼손을 위한 피아노곡을 작곡해달라고 의뢰했다. 왼손으로만 피아노를 칠 수 있는 곡을 만들어달라고 한 것이다. 라벨은 이 피아노 협주곡을 통해서 왼손이라는 제약을 오히려 창작력을 고도로 집약시킬 수 있는 수단으로 활용했다.

'왼손을 위한 협주곡'은 약 20분 길이의 단악장으로, 3부분 형식으로 되어 있다. 이 음악을 듣고 나면 왼손뿐이라는 장애도, 변함없이 짓누르고 있는 현실의 무게도 모두 한바탕 소리의 축제 속에서 아름다운 노래로 승화되는 느낌을 받는다.

이 곡의 중간 부분에서 모든 악기가 함께 아울러 신나게 춤을 춘다. 그런 신명 속에서 왼손만으로 피아노를 치는 행위를 금방 잊어버리는 것처럼 인내심을 가지고 자신이 좋아하는 일에 몰두할 때 어느새 초조함도 사라진다.

희망을 느끼는 음악

40대가 되도록 아직도 흔들리고, 이직을 엿보고, 사업을 구상하며 성공을 꿈꾸는 이들이 이외로 많다. 이들은 꿈을 이루지 못한 지난날을 후회하며 실패한 시간들이라고 자책하고 있을 것이다.

그러나 생각을 바꾸어 보면 그렇지 않다. 지금까지 지내온 것 자체만으로도 이미 성공한 것이다. 지나간 30여 년의 생활을 돌아보면 가족을 먹여 살린 소중한 시간이었다는 것을 깨닫게 될 것이다. 그 시간 동안 흘린 눈물과 때를 기다리며 쌓은 인내가 지금 새롭게 출발할 수 있는 내공을 만들었다는 것을 알 수 있다. 따라서 이제 희망을 품어도 좋다. 아내와 자녀들을 위해서라도 '남은 시간 더욱 열심히 살겠다'고 다짐하며 희망을 가져본다.

베토벤이 희망을 품고 열심히 창작할 때는 어떤 때였을까?

"지난 내 삶이 얼마나 공허하고 슬픈 것인지 상상도 못할 거야. 나빠진 귀가 마치 유령처럼 어디서나 나를 괴롭히니 사람들을 피할 수밖에…. 하지만 이런 처참한 상황 속에 하나의 희망이 피어났어. 그것은 나를 사랑하고 내가 사랑하는 여성으로 인해 일어났어. 처음으로 결혼이 행복을 가져다 줄 것이라는 생각을 하고 있었어."

한창 기대가 촉망되는 음악가에게 귀가 나빠진다는 것은 불행한 일이다. 그러나 베토벤은 이 시기에 교향곡, 실내악, 협주곡들을 줄기차게 창작해낸다. 베토벤에게 어떤 힘이 있었기에 이런 일이 가능했을까? 그것은 그가 희망을 품고 있었기 때문이다. 희망을 품는 사람들은 모든 것이 다 잘 될 것이라는 믿음을 가지고 있다.

베토벤이 희망을 품고 있을 때 작곡한 '피아노 협주곡 제3번' 제2악장은 3부 형식으로 되어 있다. 우리가 어떤 희망을 품었을 때 온 마음을 모아 천천히 하는 것처럼 이 악장도 가능한 한 느리게 연주하라고 한다.

특이한 것은 제2부는 제1바이올린에 이어 피아노가 한참 동안 사랑에 빠진 선율을 되풀이하여 연주한다는 점이다. 마치 희망을 품은 사람들의 기분이 붕 뜨는 것처럼 말이다. 희망이 이루어진 것을 상상하고 기쁨에 잠겨 보고 싶은 마음을 그린 것이다. 희망을 품는 것은 일상의 지루함에서 벗어나 매 순간을 황홀하게 만들고 나를 성장시키는 힘이 된다.

하루를 활기차게
열어주는 음악

    하루를 시작할 때 좋은 느낌이 드는 것은 그 하루를 즐겁게 만드는 데 많은 도움이 된다. 하루의 시작, 활동의 시작, 인간관계의 시작 등 이 모든 것은 아침에 일어날 때의 기분에 많이 좌우된다.

    아침에 기분 좋게 일어나려면 무엇보다도 숙면을 취해야 한다. 숙면을 취하고 일어났다면 금방 자리에서 일어나지 말고 몸과 마음이 수면상태에서 가장 좋은 상태로 서서히 바뀌기까지 편안히 누워서 기다리는 것이 좋다. 이때 편안하고 행복한 기분이 상쾌한 아침 시작의 핵심이다. 이것이 습관이 되면 느긋하게 즐기는 자신을 발견하게 된다.

    편안한 마음을 충분히 느꼈다면 이제 활동할 준비가 된 것이다. 지금부터 아침을 더욱 밝게 해주는 음악과 하루를 힘차게 시작해 보는 것은 어떨까. 이때 아침을 활기차게 열어주는 음악은 에드바르드 그리그의 페르귄트 모음곡 '제1번 제1곡 아침의 분위기'다. 이 곡은 극(劇)음악 '페르귄트'의 제4막 전주곡으로 주인공이 아프리카에서 모험을 할 때 나오는 곡이다.

이 곡을 들으면서 사하라 사막의 해변에서 찬란한 아침 해가 뜨는 것을 바라보고 있다고 상상해본다. 발바닥으로 부드러운 모래가 느껴지고, 미풍이 뺨을 어루만지고, 호수처럼 살랑거리는 물결소리가 들리고, 수평선이 서서히 붉어가다가 점점 밝게 변하며 온 세상을 훤히 비추는 것을 몸과 마음으로 느껴본다.

아름답고 상쾌한 자연 속에서 아침을 맞이하는 분위기를 한껏 자아내는 이 음악을 듣고 있노라면 오늘 하루가 행복하게 느껴질 것이다.

07

현실에 실망하고 있는
마흔에게

: 다시 공부를 시작하라

40대에 도전하여 성공하는 사람들은 40여 년을 보내며 쌓아온
경륜과 지혜, 어떤 경우에도 흔들리지 않는 바위 같은 저력을 낭비하지 않는다.
때를 놓치면 후회하고, 그 후회는 무엇으로도 보상받지 못함을 안다.

: 다시 공부를 시작하라

마흔, 승부를 걸
타이밍이다

20~30대에 무엇을 했고, 어떤 일을 했건 그러한 것들이 우리 인생의 전체를 결정지을 만큼 결코 중요하지 않다. 또한 인생을 살면서 인생 초반에 어떤 실패를 했더라도 그것이 우리의 삶 전부를 망쳐버릴 정도로 중요하지 않다는 것을 깨달아야 한다.

인생 초반에 실패를 했지만 좌절하지 않고 일어서서 다시 도전하여 성공한 사람들은 수없이 많다. 오프라 윈프리는 젊을 때 실패한 삶을 살았지만 40대에 도전하여 방송인으로서 세계적으로 명성을 날린 위대한 성공자가 되었다. 셰익스피어는 젊어서 양모 사업을 하다가 실패했으나 40대부터 희곡을 쓰기 시작하여 영국이 세계 전부와도 바꾸지 않겠다고 말할 정도의 위대한 문호가 되었다.

링컨은 젊어서 상점 경영을 시작으로 사업에 도전했으나 실패하여 파산에 이르기까지 했다. 그로부터 17년이란 긴 세월 동안 일을 하면서 빚을 갚아야 하는 처량한 신세가 되었지만 40대에 변호사 시험에 응시하여 합격했으며, 결국 노예를 해방시켜 전 세계인으로부터 존경받는 대통령이 되었다.

영화 '왕의 남자'로 성공을 거둔 이준익 감독은 극장에서 영화포스터를 그리다가 46세에 영화감독으로 데뷔하여 성공했다. 이렇게 40대에 도전하여 성공한 대기만성형의 사람들은 우리들에게 40대는 결코 도전하기에 늦지 않은 나이임을 가르쳐 주고 있다.

과거에는 먹고살기 위해서 정신없이 허덕이다가 한평생을 다 보냈고, 평균수명이 짧아서 자신의 재능을 발휘해볼 여유도 없었으며, 새로운 것에 도전해볼 수 있는 후반기 인생이 없었다.

그러나 현재 우리는 소위 100세 시대에 살고 있으며, 평균수명은 80세이다. 따라서 40대라고 해도 앞으로 40년이라는 긴 세월이 남아 있다는 말이 된다. 지금부터라도 얼마든지 자신이 하고 싶은 일을 할 수 있으며, 새로운 일에 도전할 수 있다.

대부분의 사람들은 20~30대에 취업 및 결혼 등 여러 가지 일로 인해서 인생을 자신의 뜻대로 살았다고 볼 수 없다. 이때 다른 사람들보다 더 많은 고생을 하고 더 많은 실패를 했다 하더라도 한탄할 필요는 없다. 오히려 감사하게 생각해야 한다. 이런 경험들이 쌓여서 40대 이후의 인생을 성공적으로 살 수 있게 도와주는 밑거름이 되기 때문이다.

20~30대에 성공한 사람들은 성공했다고 으스대서는 안 된다. 이것은 오히려 불행일지도 모른다. 더 큰 발전이나 더 큰 자기계발이 힘들기 때문이다. 그리하여 너무 일찍 성공한 사람은 이미 인생의 최고를 경험했기 때문에 후반부가 그렇게 즐겁지 않다.

반대로 20~30대에 크게 성공해보지 못한 사람들, 특히 너무 많은 실패를 경험해본 사람들은 그 실패를 밑거름으로 삼아서 이제부터 최고의 인생을 향해 달려갈 수 있다. 가슴 벅찬 제2의 삶을 살 수 있는 것이다.

봄에 아름다운 꽃을 피우기 위해서는 혹독한 겨울을 보내야 하듯이 성공적인 인생을 보내기 위해서는 20~30대에 시련과 실패가 필요하다. 비록 젊어서는 실패와 좌절을 경험하면서 고난의 세월을 보냈지만 40대에 성공한 사람들은 그 인생이 진정으로 성공했다고 말할 수 있다. 40대 이후의 성공이 진정한 성공이다. 따라서 20~30대에 성공이나 실패 여부는 긴 인생 전체를 놓고 볼 때 그렇게 중요하지 않다. 40대 이후부터가 진정한 인생이라고 보면 40대에 다시 목표를 세우고 그 목표를 향해 달려가는 것이 중요하다.

마흔, 진정으로 도전할 수 있는 나이

공자는 40대를 불혹(不惑)의 나이라고 했다. 세상의 유혹에 빠지지 않는 나이라는 것이다. 그런데 오늘날 40대는 흔들리지 않는 사람이 없다. 40대가 되면 직장에서는 '명퇴'라는 명목으로 물러가기를 바라는 상사와 부하들 사이에서 샌드위치가 된 신세다. 그리하여 '다른 직장을 찾아볼까?' 하는 생각과 '때려치우고 사업이나 해볼까?' 하는 유혹에 빠져서 흔들리게 된다.

마흔이 되면 지금까지의 삶을 되돌아보고 현재에 안주할 것인가 아니면 새로운 도전을 할 것인가를 결정해야 할 중요한 때를 맞게 된다. 이런 중요한 시기인 40대에 새로운 뜻을 품고 노력하여 인생을 역전시킨 사람들이 많다. 이미 역전시켜 성공의 길을 가고 있는 다양한 분야의 사람들이 있다. 40대에 승부를 건 사람들은 기업 분야에서 특히 많은데, 이들은 안정된 직장을 버리고 40대에 새로운 사업에 도전하여 성공했다는 점이 특이하다.

우리나라 기업인으로 패션 란제리 업체 M 크로셋의 문영우 사장은 대기업에서 승승장구한 엘리트로 걱정 없이 안정된 생활을 하고 있었다. 그러나 40대에 안정된 직장을 버리고 자기 사업을 시작하는 모험을 했다. 그는 40대라는 나이가 인생을 역전시킬 수 있는 가장 적합한 때라고 생각했기 때문이다. 그렇게 도전한 결과 오늘날 연매출액 200억을 돌파한 중견기업의 사장이 되었다.

또한 2009년 『타임』지가 선정한 '영향력 있는 기업인 100인'에 선정된 로빈 체이스도 다니던 직장에서 뛰쳐나와 40대에 카 쉐어링 회사인 집카의 공동창업자가 되어 창업 8년 만에 22만 5천명의 회원을 확보한 대기업 총수가 되었다. 그녀가 집카 사업을 시작했을 때의 나이는 42세였다. 당시 그녀는 평범한 가정주부였으며 마흔이 넘은 나이에 세 아이의 엄마로서 육아와 가사만도 벅찼지만 당당히 도전하여 대성한 것이다.

젊었을 때는 누구나 경험이 부족하여 주위의 부정적인 평가에 흔들리지만 40대라는 나이는 인생의 쓴맛과 단맛을 어느 정도 경험했기 때문에 웬만한 경우가 아니면 흔들리지 않는 강인함이 있다. 그 강인함이 안정된 직장을 버리고 40대에 새로운 길에 도전하여 성공할 수 있는 토대가 된 것이다.

마흔은 진정으로 도전할 수 있는 나이다. 진정으로 변화와 맞설 수 있는 세대가 바로 40대이다. 40대는 30대와 50대 사이에 낀 샌드위치 세대라고 할 수 있지만 오히려 두 세대의 장점을 꽉 붙잡고 단점을 차분하게 고쳐갈 수 있는 세대이다.

도전은 언제나 불안을 수반한다. 그러나 필요한 때에 도전하지 않으면 인생역전은 불가능할 뿐만 아니라 부메랑이 되어 삶을 더욱 곤란하게 한다. 40대에 쉽게 결단을 내리지 못하는 것은 누구나 40대에 이르면 고만고만한 미래가 떠오르기 때문이다. 그러나 성공한 사람들은 고만고만한 미래를 포기하고 불확실하지만 과감하게 모험을 선택한다. 인생역전의 기회라 판단하고, 그 기회를 놓치지 않는다. 그리고 마지막 한 방울까지 남기지 않고 최선을 다하여 자신의 인생을 살았다는 충족감을 얻는다.

40대에 도전하여 성공한 사람들은 40여 년을 보내며 쌓아온 경륜과 지혜의 깊이, 어떤 경우에도 흔들리지 않는 바위 같은 저력을 낭비하지 않는다. 그리고 그들은 때를 놓치면 돌아오는 것은 후회밖에 없으며, 유감스럽게도 그 후회는 세상 무엇으로부터도 보상받지 못한다는 것을 잘 안다.

제2의 인생을 위해
공부하라

생활수준이 높아지고 의학이 발달하면서 수명이 놀라울 만큼 길어졌다. 이러한 추세는 매년 늘어가고 있으며, 대한민국은 노령화 추세가 세계에서 가장 빨리 이루어지고 있는 나라에 속한다.

인생이 길어짐에 따라 삶의 모습이 많이 변했다. 중년과 장년의 경계가 허물어지고, 또한 중년과 노년의 경계가 많이 무너졌다. 그리하여 자신의 몸을 어떻게 관리하느냐에 따라 중년이지만 젊은 청년처럼 보이는 사람이 있는가 하면, 실제로 몸과 마음을 잘 관리하여 중년의 나이임에도 불구하고 젊음을 누리고 사는 사람도 있다. 그뿐만 아니라 70~80의 나이에도 삶의 발전을 위해 노력하는 사람들이 많다. 세상이 바뀌고 나이의 경계가 무너지면서 사람들의 의식 또한 많이 변하고 있는 것이다.

이러한 변화 중의 하나가 40대 이후의 삶이 모습이다. 과거에는 20~30대에 결혼해서 자식을 낳고 10~20년 참고 살면 그만이었다. 평균수명이 짧았기 때문에 이혼한다는 것은 생각조차 하지 않았다. 이혼을 하면 서로에게 손해였기 때문이다. 하지만 이제는 황혼 이혼이 늘어나고 있다. 60대 이후에도 몸 관리만 잘하면 20년은 너끈히 살 수 있기 때문에 참고 살려고 하지 않는다.

삶의 길이가 늘어나면서 40대 이후부터의 삶을 제2의 인생이라고 생각하고 다시 새 출발하는 사람들이 많아졌다. 앞으로 40년은 더 살 수 있기 때문에 인생의 후반부라고 부르지 않고 제2의 인생이라 부르며, 그 40년을 지난 과거보다 더 행복하게 살기 위해서 노력하고 있다.

무엇보다도 주목해야 할 것은 인생이 길어지면서 40대 이후의 삶을 풍요롭고 행복하게 살고 있는 사람이 있는가 하면, 반면에 오히려 길어진 인생이 재앙이 된 사람들도 있다는 사실이다. 평균수명이 길어졌음에도 불구하고 그것이 반갑지만은 않은 것은 평생직장이 사라졌다는 사실 때문이다. 한 번 취직하면 평생 그 직장에서 일을 하는 것이 정상이었다. 따라서 먹고살 걱정은 안 해도 되었다. 그러나 이제는 평생직장의 개념마저 사라진 지 오래다. 따라서 40대 중반만 되어도 퇴직을 걱정하는 시대가 되었고, 앞으로 어떻게 살 것인가를 고민하게 된 것이다.

이것이 바로 40대에 공부를 다시 시작해야 하는 가장 중요한 이유이다. 이제 '제2의 인생을 어떻게 사람답게 살 것인가' 하는 것이 중요한 과제가 되었다. 인생의 전반기, 즉 40대 이전의 삶이 아무리 성공한 삶이었을지라도 그것이 세상 끝날 때까지 보장되지 않는다면 가치가 없는 것이다. 반면에 40대 이전의 삶에서 큰 실패를 하여 좌절을 겪었을지라도 인생 후반부를 멋지게 성공적으로 살게 된다면 그 인생은 성공한 인생이라고 할 수 있다. 마흔 이후의 성공이 자신의 삶에서 더욱 중요하기 때문이다.

'김밥 파는 CEO'로 알려진 김승호 회장은 대학시절에 아버지를 따라 미국으로 이민을 간 후 20년 동안 실패를 거듭했다. 그러다가 김밥으로 미국인의 입맛을 사로잡으며 2년 만에 연매출 130억 원의 성공을 거두었다. '김밥' 사업을 시작했을 때 그의 나이는 41세였다. 웬만한 사람 같으면 자존감이 땅에 떨어져 재기하려는 생각조차 못하지만 김승호 회장은 그렇지 않았다. 40대에 다시 새롭게 도전한 것이다. 이렇게 40대에 다시 도전하여 성공한 사람은 김승호 회장 외에도 수없이 많다.

이처럼 40대 이후의 삶을 후회 없이 멋지게 살기 위해서는 다시 공부를 시작해야 한다. 이제 기억도 나지 않는 20년 전의 배운 지식만으로 평생 살고자 한다면 참으로 어리석은 일이다. 또한 그 지식으로 새로운 사업에 도전한다는 것은 불가능하다. 왜냐하면 세상이 많이 변했고 복잡해졌기 때문이다. 지식도 질적인 면에서 다양해지고, 양적인 면에서도 놀라울 만큼 증가했다.

길어진 40대 이후의 삶을 멋있고 행복하게 살기 위해서는 무엇보다 필요한 것이 공부이다. 공부는 미래를 준비하게 만들어주고, 사고방식을 넓게 해주며, 생각을 유연하게 만들어준다. 그리하여 인생을 보다 건강하고 활기차게 살 수 있도록 해준다. 공부를 통해서 40대 이후의 삶을 더욱 즐겁고 행복하게 살 수 있는 것이다.

40대, 어떤 공부를
해야 할까?

우리는 고등학교 다닐 때 열심히 공부하면 일류 대학에 들어가고 졸업하면 대기업에 입사하여 탄탄대로를 걸을 것으로 기대했다. 생각하고 기대한 대로 그렇게 일류대학에 들어가서 좋은 직장에 다니며 평탄한 인생을 사는 사람도 있다. 그러나 요즘에는 이런 사람들도 직장에서 잘나가다 40대에 이르면 후배에게 쫓기고 상사에게 끌려다니다가 '명퇴'라는 이름으로 조기 퇴직하는 사람들이 많다.

고등학교나 대학에서 열심히 공부하는 것이 인생의 성공과 부를 쌓는 데에 도움이 되지 않는다의 뜻으로 한 말이 아니다. 30대까지는 성공하여 부를 이루는 데에 이러한 방법이 통하지만 40대에 이르면 달라진다는 것이다. 이미 중견간부가 되어 있지 않으면 후배에게 추월당해 자신의 의사와 관계없이 물러나야 한다.

인생의 성공을 위해서는 40대부터 학교생활 못지않게 열심히 공부해야 한다. 여기서 말하는 공부는 고등학교나 대학에서 하는 공부와는 다르다. 학교에서 공부는 취직시험을 위한 공부라며, 40대부터 하는 공부는 자격증을 하나 더 따기 위한 공부라고 해도 무방하다. 그러나 그보다는 인간의 삶과 원리를 통찰하는 참된 공부를 하는 것이 더 필요하다. 이때의 공부는 자신의 삶을 성찰해주는 공부이다. 보다 인간답게, 보다 풍요롭게, 보다 행복하게 살아가는 데에 필요한 것들을 배우는 공부이다.

부자들은 인간의 삶을 성찰하고 어떻게 살아야 하는지를 가르쳐주는 인문학을 공부했다. 애플 창업자인 스티브 잡스가 그 대표적인 예이다. 부자들은 인간의 삶을 성찰할 수 있는 인문학을 배우고 공부했다. 미국의 인문학자인 얼 쇼리스는 노숙자들과 빈민들 그리고 죄수들에게 인문학을 가르쳤다. 당장 돈벌이를 할 수 있는 직업교육이나 빵을 만들어 끼니를 해결할 수 있는 방법을 가르친 것이 아니라 어떻게 사는 것이 사람답게 사는 길이며, 한 번뿐인 인생을 어떻게 살아야 하는 것인가를 말해주는 인문학을 가르쳤다.

그러면 왜 얼 쇼리스는 노숙자와 가난한 사람들에게 인문학을 가르쳤을까? 가난을 벗어나기 위해서는 먼저 인간답게 살아야 하기 때문이다. 인간답게 살기 위해 노력할 때 주변에서 도와주는 사람들도 생기고 하늘이 돕는다. 대물림으로 물려받은 가난에 체념하며 살던 그들은 얼 쇼리스에게 배운 인문학을 통해서 "나는 뭐지?", "내 인생은 뭐야?" 하는 의문을 갖게 되었으며, 그 의문에 대한 해답을 찾는 과정에서 삶을 성찰할 수 있는 계기를 얻었고, 궁극적으로 그들은 한 인격체로서 사람답게 살기 위해 변화되었던 것이다.

40대에는 자신의 삶을 성찰할 수 있는 공부를 해야 하며, 40대에 세울 새로운 목표에 따라 공부의 방향과 목표가 정해질 수 있다.

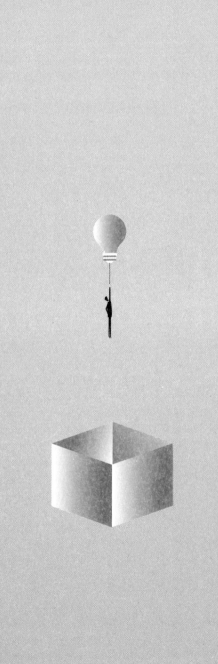

40대에 공부가 잘 되는
6가지 이유

40대에 다시 공부를 시작해야 하는 이유는 40대야말로 진짜 꿈을 꾸고 공부할 때이며, 인생역전이 가능한 시기이기 때문이다. 인생역전은 공부를 하지 않고는 불가능하다. 40대 이전보다 40대 이후에 보다 더 나은 삶을 영위하기 위해서는 공부밖에 없다. 공부를 통해서 꿈을 이룰 수 있고, 공부를 통해서 목적을 달성할 수 있으며, 공부를 통해서 보다 행복한 삶을 살 수 있다.

현대를 살아가는 사람들은 보통 마흔을 전후하여 심리적으로나 사회적으로 과도기를 맞게 된다. 그리하여 여러 가지 변화가 일어나는 40대 전후에 인생의 가장 큰 위기를 만나게 된다. 하지만 위기는 곧 기회이기도 하다.

마흔을 전후하여 시작되는 인생의 중년기는 심리적 변화가 가장 심한 시기이면서 꿈을 꾸기 가장 좋은 때이다. 지나온 삶을 되돌아보고 어설프게 살아온 과거를 청산하며 새롭게 시작하기 딱 좋은 시기이다. 이때 과거 10대나 20대와는 다른 새로운 꿈을 그릴 수 있으며, 삶의 색다른 목표도 세울 수 있고, 그 꿈과 목표를 달성하기 위해 알차게 노력할 수 있는 가장 좋은 시기인 것이다.

세계적으로 유명한 다수의 정신과 의사들은 40대에 시작하는 공부가 진짜 공부라고 말한다. 왜냐하면 100세 시대에서 40대는 인생 중반에 진입하면서 미래를 준비하기 가장 좋은 시기이기 때문에 이때 공부를 해야 한다는 것이다. 그들은 40대에 들어서 공부하는 것이 즐겁고 잘 되는 이유로 다음의 여섯 가지를 꼽았다.

첫째, 40대에 공부를 하면 어느 세대보다 몰입이 쉽다. 40대에 공부하면 몰입이 잘 되는 것은 인생의 절반을 살아오면서 생존과 성공을 위해서 그리고 40대 이후 보다 나은 삶을 위해서 공부가 절대적으로 필요하다는 것을 깨닫게 되기 때문이다. 이제부터 열심히 공부해야 되겠다는 생각을 절실히 하게 되면서 공부에 몰입하게 된다는 것이다.

둘째, 40대에는 창의적으로 공부할 수 있다. 20대의 공부는 오직 시험을 위한 공부였지만, 40대의 공부는 실생활에 필요하고 실제 공부한 것들을 적용할 기회가 많기 때문에 창의적으로 공부하게 된다.

'이 내용은 그 일을 할 때 도움이 되는구나', '공부한 것을 이 일을 할 때 적용하니 일하기가 훨씬 쉬워지는구나' 하는 생각을 하면서 공부하기 때문이다.

셋째, 그동안 쌓은 많은 경험들이 올바른 공부의 방법과 요령을 알려준다. '예전에 이런 방법으로 접근하니까 이해가 빠르더라' 등 지난 경험들이 공부에 많은 도움이 되고, 공부를 할 때 집중할 수 있는 방법과 환경을 조성하는 데에도 참조하게 된다.

넷째, 이미 자기진단이 된 상태에서 공부하기 때문에 좀 더 공부가 쉬워진다. 자신의 적성이나 잠재력, 지능 등을 알고 있는 상태에서 공부를 시작하므로 어떤 분야가 좋은지를 경험을 통해서 알기 때문에 공부하는 데에 시행착오가 적어진다.

다섯째, 물질적·시간적으로 더 많은 투자를 할 수 있다. 20대에 공부할 때는 시험기간이 정해져 있고, 공부의 진도가 이미 정해져 있는 상태에서 공부를 했다. 하지만 40대에 공부를 시작하면 시험기간은 물론 시험 자체가 없다. 그리하여 마음의 여유가 생기고 경제적으로 어느 정도 여유가 있으므로 공부에 더 많은 금전과 시간을 투자할 수 있다.

마지막으로 40대에 공부를 하면 성취감이 더 크다. 학창시절에 공부는 열심히 한 만큼 성적이 오르지 않는다. 그러나 40대에 공부를 하면 날마다 성취감과 만족감을 느낄 수 있다. 모르던 것을 새롭게 공부하여 알게 되었을 때 지적 만족감과 성취감을 맛볼 수 있다.

인생역전을 이루기 위해서는 무엇보다 공부를 다시 하지 않으면 도저히 이룰 수 없다. 공부 외에는 다른 방법이 없기 때문이다. 40대에 공부를 하여 인생역전을 이룬 사람들 중에는 화가 폴 고갱과 심리학자 지그문트가 있다.

폴 고갱은 빈센트 반 고흐, 폴 세잔과 함께 20세기 현대 미술에 막대한 영향을 미친 화가이다. 그가 그토록 유명한 화가가 된 것은 40대에 다시 도전했기 때문이다. 화가가 되기 전에는 증권거래소 직원으로 안정된 생활을 할 수 있었으나 43세에 다시 그림 공부를 시작하면서 위대한 화가가 되었다.

정신분석의 대가 지그문트 프로이드 역시 40세에 심리학 공부를 시작하여 정신분석 분야에서 훌륭한 업적을 남겼다.

이들은 40대에 다시 공부를 시작했기 때문에 남은 인생의 후반에 그토록 많은 업적을 이룰 수 있었던 것이다. 공부를 다시 시작하지 않았다면 그런 업적을 남길 수 없었을 것이다.

늙지 않고 건강하게
사는 비결, 공부

40대 이후 행복한 삶을 보내기 위해서는 무엇이든지 배워서 새로운 것을 알아야 한다. 배워야 하는 이유는 늙지 않기 위해서이다. 늙었다는 말은 낡았다는 말과 의미가 흡사하다. 시대에 뒤떨어진 사람을 늙었다고 표현한다.

세상은 놀라울 정도로 빠르게 변화한다. 지난 100년 동안 변화한 것보다 최근 1년 동안 변화하는 속도가 더 빠르다고 할 정도로 짧은 기간 동안 엄청난 변화를 겪는다. 인류의 문명은 우리가 상상할 수 없을 정도로 빠르게 변화하고 발전하고 있다. 따라서 앞으로 어떤 일이 일어날지 상상할 수 없다. 뇌에 들어 있는 정보로는 변화하는 세상을 따라잡을 수 없다. 따라서 앞으로 변화하는 세계를 따라가려면 공부밖에 없다.

또한 배워야 하는 이유 중 하나는 건강이다. 배운 사람들이 못 배운 사람들보다 더 건강하게 오래 산다. 많이 배운 사람들은 그만큼 활동적인 삶을 살고, 활동할 수 있는 범위가 넓다. 즉 많은 사람들을 만나고 활동하기 때문에 건강하고 오랫동안 행복한 삶을 살 수 있는 것이다. 또한 공부를 하면 새로운 분야에 대해서 지적으로 충족감을 느끼고, 지적활동을 통해서 몸과 마음이 한층 더 젊어지고 건강해진다. 이러한 사실은 과학적으로도 입증되었다. 치매에 걸리지 않고 장수하는 사람들의 공통점은 바로 끊임없이 머리를 쓰는 습관이 있다는 점이다. 특히 공부를 지속적으로 하는 사람은 치매에 걸릴 확률이 매우 낮다.

공부를 다시 하기로 결정했을 때 누구나 처음에는 머뭇거리다가 이것저것을 시도한다. 맛보기로 생각하고 시험적으로 여러 가지 일에 손대본다. 우리나라 사람들은 탐색하는 과정을 싫어하여 빨리 선택하려는 경향이 있다. 그러나 서두르지 않는 것이 좋다. 여러 시도를 거치는 중에 실패도 맛보면서 궁합도 따져봐야 한다. 이때 목표는 전문가 수준에 도달하는 것이다. 여기서 말하는 전문가는 평생 단련된 최고 수준의 전문가가 아니라 재미도 느끼고 수입도 어느 정도 보장되는 수준을 말한다.

대학에 입학한 후부터 지금까지의 공부는 출세를 위한 공부, 졸업장을 위한 공부, 부모님을 위한 공부, 남에게 보여주기 위한 공부였다. 너무 쉽게 다른 집 아이들과 비교되고, 부모님들도 너무 쉽게 그런 행동을 했기 때문에 우리는 진정 자신을 위한 공부를 할 수 없었다. 남들에게 뒤처지지 않기 위해서 공부를 해야만 했다. 그것이 진정 행복한 길이고 남보다 더 나은 삶을 위한 길이라고 배웠다.

하지만 40대는 비로소 타인과 비교를 위한 공부가 아닌 진짜 공부를 할 수 있다. 오롯이 자기 자신을 위한 공부를 할 수 있는 시점이 된 것이다. 진정으로 즐기면서 공부를 할 수 있다. 뒤처지지 않기 위해서 공부를 하는 것이 아니라 자신의 성장과 발전 그리고 인생의 후반부를 행복하게 살기 위해서 공부를 하는 것이다.

40대부터 시작하는 공부는 단시간에 끝나지 않을 수도 있다. 아무리 열심히 해도 1년 안에 배울 수 없다. 배움의 깊이를 더하려면 1년으로는 충분하지 않다. 적어도 전문가 수준에 이르기 위해서는 긴 시간을 할애해야 한다. 어떤 분야든지 전문가 수준에 이르기 위해서는 시간이 요구된다.

40대 이후 행복한 삶을 위해서 공부를 시작할 때는 자신에게 맞으며, 즐겁게 할 수 있는 것을 택해야 한다. 그래야만 자신이 살아있는 느낌을 받을 수 있다. 40대 이후의 공부는 조금은 가벼운 마음으로, 천천히 그러면서 끈기 있게 해보는 것이다. 그렇게 할 때 즐거움도 느끼게 된다.

무엇이든지 때가 있기 때문에 너무 늦게 시작하면 안 된다. 40대 이후의 남은 인생을 행복하게 보내기 위해서는 마흔, 지금부터 공부를 시작하는 것이 좋다. 이때를 놓치면 남은 인생이 무료해진다. 그러면 병으로 누워서 세월을 보내거나, 배우자와 티격태격 싸우거나, 자식을 들볶으며 불행하게 살다가 생을 마감하게 된다.

40대 공부는 대단한 용기와 결단이 필요하다. 공부할 시간을 내기도 힘들 뿐만 아니라 마음의 여유가 없어서 공부하겠다고 결심하기가 힘들 수도 있다. 그러나 40대 이후의 인생을 어떻게 살 것인가를 생각할 때 공부가 최선의 방법임을 깨닫게 될 것이다.

최선을 다해
5년만 공부하라

40대에 공부하는 목적은 지금까지의 살아온 방향과 다른 방향으로 걷기 위해서이다. 공부를 시작한 40대들 대부분은 전문가가 되기 위해서 공부한다. 전문가에는 변호사, 회계사 등 다양하게 많다. 회사에 다니거나 교사로 재직하다가 40대에 그만두고 로스쿨에 들어가서 공부하여 변호사가 되거나 공무원이 되는 사람들을 주위에서 볼 수 있다.

이외에도 기업 내에서 활약하는 전문가의 경우 경제평론가, 증권분석가, 인사·교육 전문가, 베테랑 영업사원 등 다양하다. 번뜩이는 재치와 끝까지 버티는 능력을 필요로 하는 직업의 연령대와 커리어 자체만으로도 가치 있는 직업의 연령대 사이에는 차이가 있다. 그러나 최선을 다해 5년만 공부한다면 어느 분야에서나 전문가가 될 수 있다.

보통 자신의 능력과 기술로 돈을 벌 수 있는 전문가가 되기 위해서는 10년은 공부해야 한다. 그러나 여러 가지 경험과 전문지식을 익힌 40대가 전문가가 되기 위해서는 5년 정도 공부해야 할 것이다. 이 5년의 목표를 이루기 위해서 죽을힘을 다해서 공부해야 한다.

예를 들어 대기업 컨설팅 회사에서 완벽하게 컨설팅 업무를 할 수 있게 되려면 상당히 우수한 인재라도 적어도 5년 이상 걸린다. 데이터 수집이나 분석 등은 노하우가 생기면 금방 할 수 있지만 전략, 전술의 책정부터 구체적인 제안과 같은 종합적인 판단을 할 수 있으려면 어느 정도의 경력을 쌓지 않으면 안 된다. 컨설팅의 전문가가 되려면 경영자나 이사회를 상대로 설득력 있는 대응을 해야 할 뿐만 아니라 경쟁회사의 정보도 꿰뚫고 있어야 한다. 자신의 어드바이스로 기업이 성공하는 등의 실적과 같은 큰 효과를 나타낼 정도의 실력을 쌓으려면 최소한 5년 이상 공부해야 한다.

그러므로 40대에 자신이 공부할 전문 분야를 정했다면 일이나 연수, 통신교육과 같은 기회를 살려 전문성을 쌓는 기간에 치열하게 공부해야 한다. 전문가로서의 데뷔가 빠르다고 좋은 것이 아니다. 빨리 빛을 볼 경우 재능도 서둘러 고갈되어 버리는 경우가 많기 때문이다. 늦은 40대에 실력을 발휘하는 사람은 기초를 닦는 시간이 그만큼 길어지기 때문에 한 번 꽃을 피우면 오래 가는 경우가 많다.

'산기슭이 깊은 산이 높다'라는 말이 있듯이 든든하게 뿌리를 깊게 내린 실력파가 되는 것이 중요한 시대다. 시대의 바람은 잘 타도 뿌리가 든든하지 않으면 언제든지 가차 없이 사라지고 만다. 은행원으로 있다가 40대에 다시 공부하여 경제평론가가 된 사람, 10대부터 소설을 쓰다가 40대에 처음 단행본을 출간한 작가도 있다.

40대에 전문가가 되기 위해서 공부할 때에는 유의할 점이 있다. 먼저 좋아하는 것을 전문 분야로 선택한다. 전문가가 되는 길에는 여러 가지가 있어서 어떤 방법을 택해야 빨리 성공할 수 있을지 아무도 모른다. 남북관계에 대해서 흥미를 느껴 공부하다가 남북정상회담 등 남북관계에 여러 가지 굵직한 사건들이 터지면서 시사평론가가 된 사람들도 있다. 전문가로 성공하기 위해서는 자신이 늘 좋아하던 분야를 택하는 길이 빠르다. 또 좋아하는 것을 전문 분야로 삼으면 즐기면서 깊이 공부할 수 있다.

다음은 몸담고 있는 조직의 방향을 고려한다. 예를 들어 자신이 경리 업무를 하고 있는 회사의 오너가 주식 공개로 고민하고 있을 때, 그 분야에 대하여 공부하면 좋은 결과를 가져올 수 있다. 그렇게 하여 회사가 주식 상장을 한 뒤에는 퇴직하더라도 회사가 주식 상장을 할 때 자신이 중요한 역할을 했다는 자체만으로도 경력에 큰 도움이 될 뿐만 아니라 독립했을 때에 주식 상장을 희망하는 여러 회사의 경영자가 당신을 찾게 될 수도 있다.

자신의 취향과 조직의 방향을 분명하게 파악하고 이를 활용하여 합칠 수 있는 인재가 되는 것이 전문가로서 성공하는 길이다.

마흔의 공부법을
찾아라

자투리 시간을 적극 활용한다

지금은 화이트칼라에게 높은 생산성과 효율성을 요구하는 시대다. 허구한 날 야근하던 시절은 사라진 지 오래다. 주 52시간 근무제도가 정착되면서 직장인들의 관심은 퇴근 후의 활용에 집중되고 있다. 게다가 40대이면 조직 내에서 간부에 해당되므로 어느 누구보다 자투리 시간이 많다.

40대 제2막의 인생을 풍요롭고 행복하게 보내기를 희망한다면 미래의 자신을 위해 투자해야 한다. 시간과 돈을 아끼지 말고 자신에게 투자하여 공부하거나 세미나에 참석하는 등 퇴근 후의 시간을 활용해야 한다.

퇴근 후 시간을 활용하는 방법으로는 다음 세 가지를 고려할 수 있다.

첫째, 부근 도서관에 가서 공부한다. 요즘은 나라에서 관리하는 국립도서관에서부터 시에서 운영하는 시립도서관, 구에서 운영하는 도서관 등 여러 종류의 도서관들이 많다. 도서관은 대부분 새벽 5시에 문을 열어서 저녁 11시까지 개방한다. 따라서 퇴근 후 인근 도서관을 활용하면 적어도 4시간 이상을 공부할 수 있다.

둘째, 부업이다. 5시 퇴근제도가 정착되면서 퇴근 후에 부업을 하여 소위 투잡을 하는 사람들이 많아졌다. 정년퇴직제도가 없어지고 언젠가 닥칠 명퇴를 생각하여 투잡을 하는 직장인들이 많아진 것이다.

셋째, 다른 업종과의 교류모임에 참석한다. 이때 다른 업종이란 자신이 공부하는 분야와 관계되는 사람들의 모임이나 세미나에 참석하여 강의를 듣고 공부하는 것이다. 퇴근 후의 시간을 활용하는 데에는 생각지 못한 부가소득이 덤으로 생긴다. 즉 인맥이 넓어진다. 교류 모임에 참석하면 저절로 많은 사람들을 알게 되고 자연히 인맥이 넓어지게 된다. 새로 맺은 인맥들로부터 자신이 모르던 지식을 배울 수 있거나 자극을 받을 수 있다는 것까지 더하면 덤으로 많은 것을 얻게 되는 것이다.

절대 수면시간을 줄이지 않는다

40대에 공부를 할 때에는 수면시간을 줄여가면서 공부해서는 안된다. 40대에 수면을 줄이면 기억력이 약화되고 몸에 무리가 갈 수 있다. 젊은 사람들도 잠자는 시간을 줄여서 공부를 하면 기억력이 저하되거나 오히려 능률이 오르지 않는 경우가 많은데 40대는 말할 필요가 없다.

수면이 부족하면 우울증에 걸릴 위험성이 높다. 따라서 수면시간을 줄이지 않고 공부할 수 있는 방법을 찾아야 한다. 40대에 하는 공부는 장기간의 목표를 세우고 공부하는 경우가 많다. 입시공부나 취직시험을 위한 공부처럼 시간이 정해져 있지 않기 때문에 수면을 줄여가면서 공부할 필요는 없다. 시간이 정해져 있고 촉박한 경우에는 수면시간을 줄여서 공부할 필요가 있겠으나 3년 또는 5년 등 장기적인 목표를 세우고 공부를 할 때에는 수면시간을 줄이면서 공부하는 것은 효과가 없다.

만약 변호사나 부동산 중개사, 회계사 등과 같은 전문가가 되기 위해서 시험공부를 할 때에는 무조건 수면시간을 줄이는 것보다는 학습능률이 떨어지지 않도록 자신의 몸에 맞는 수면시간을 잘 파악하여 무리하지 않는 것이 좋다. 무엇보다도 수면시간을 줄여서 공부하려고 애쓰기보다 시간당 집중해서 학습능률을 높이는 방법을 강구해보는 것이 바람직하다. 공부는 많은 시간 책상 앞에 앉아 있는 것보다 집중해서 공부하는 것이 더욱 효과적인 방법이다.

또한 40대의 장점으로는 자신이 얼마만큼의 시간에 어떤 일을 효과 있게 할 수 있는지를 파악할 수 있다는 점을 들 수 있다. 업무 중 15분 정도는 신문에서 자신의 업무와 관계되는 기사나 관심 있는 기사를 읽을 수 있고, 5분 정도는 메일을 볼 수 있으며, 20~30분 정도는 책을 볼 수 있는 등 자신의 기준을 세워놓는다면 짧은 시간을 효과적으로 활용할 수 있다.

40대의 공부계획은 가급적 장기적인 목표를 세우는 것보다 일주일 단위로 작은 목표를 세워서 그 목표를 달성하도록 하는 것이 좋다. 6개월 또는 1년 등 장기 목표를 세웠을 때에는 20~30대와 달리 도중에 예상치 못한 일로 계획을 실천하기가 힘들 수 있다. 따라서 일주일 단위로 목표를 세우면 실천하기가 훨씬 쉬워진다.

주말을 활용하는 방법으로는 공부가 취미나 오락이 된 경우를 제외하고는 일주일에 하루 정도 휴식을 취하는 것이 좋다. 이때 월요일부터 금요일까지 가능한 학습목표를 일주일간의 목표량으로 세우고, 토요일은 그 주에 공부한 것을 전체적으로 훑어보거나 빠트린 부분을 복습하는 데 사용하면 좋다. 즉 토요일은 예정대로 진행하지 못했던 부분을 보충하고, 일주일간 공부한 것을 확실하게 복습하여 자기 것으로 만드는 시간으로 활용하는 것이다.

평일에 너무 바빠서 공부할 시간이 없어 주말에 집중해서 공부를 해야 할 경우에는 평일에 15분 또는 30분이라도 시간을 내어 주말에 공부한 내용을 복습하는 시간을 만드는 것이 효율적이다.

역전을 준비할 때다

　사실 40대 이후의 나이는 새로운 분야에 도전하여 성공을 거두기에 적지 않은 나이다. 그러나 나이에 상관없이 꿈을 가지고 앞을 향해 나아가 성공한 사람들은 수없이 많다. 누구나 자신의 인생에서 늦은 때란 없다.

　다수의 사람들이 남들 보기에는 늦었다고 생각했을 때 시작하여 성공을 거두었다. 빅토르 위고는 60세에 『레미제라블』이라는 위대한 작품을 집필했고, 톨킨은 62세에 『반지의 제왕』을 세상에 내놓았다. 파스퇴르가 광견병을 발견했을 때가 그의 나이 62세였다. 그들에게 나이는 문제가 되지 않았다.

　이런 예는 가까운 중국에도 있다. 한 무제(武帝) 때 승상의 위치에 오른 공손혼을 들 수 있다. 그는 40대까지 옥리(獄吏)에 불과했고, 죄를 지어 시골에서 돼지를 키우는 한심한 처지에 놓였었다. 그러나 그는 40세에 학문에 뜻을 두고 공부를 시작했다. 돼지를 키우면서 생계를 꾸려가는 최하위 인생을 살면서 공부를 한다는 것은 쉬운 일이 아니었다. 하지만 그는 공부를 시작하여 공자의 학문을 독학했다. 그토록 힘들게 공부한 것이 빛을 보기 시작한 것은 20년이 지난 후였다. 그때부터 그의 학문 실력이 알려지기 시작했다. 그는 지방관의 추천을 받아 박사가 되었으나 관직 생활도 순탄치 않았다. 얼마 후 말단직에서 물러났지만 그는 실망하지 않았다. 언젠가는 큰 뜻을 펼 날이 올 것이라 믿고 있었다. 마침내 그가 믿은 대로 66세에 다시 조정에 들어가게 되었고, 76세에 승상의 위치에까지 오르게 되었다. 그리하여 그는 중국 역사상 큰 족적을 남긴 위대한 인물이 되었다. 이것은 오로지 어려운 환경에서도 굴하지 않고 인생역전을 꿈꾸며 40대부터 공부를 시작한 결과였다.

40대는 인생역전을 꿈꾸기 가장 좋은 때이며, 역전을 준비할 시기이다. 따라서 40대까지 아무것도 이루지 못했다고 해서 비관하거나 좌절할 필요는 없다. 지금부터라도 다시 시작하면 된다. 그러기 위해서는 무엇보다도 공부를 해야 한다. 공부하지 않고서는 인생역전이 불가능하다.

여기서 또 하나 기억할 것은 40대나 그 이후에 도전하여 성공한 사람들은 대부분 오래 살았다는 사실이다. 그 이유는 자기 자신이 좋아하고, 하고자 했던 일을 했기 때문이다. 이탈리아의 세계적인 작곡가 주세페 베르디는 걸작 오페라 '파스타프'를 80세에 작곡했으며, 경영학의 귀재로 불리는 피터 드러커 박사는 그의 저서 『넥스트 소사이어티』를 93세에 집필했다.

　40대에 공부를 시작하거나 새로운 길에 도전할 때 두려움이 없을 수는 없다. 젊어서 도전할 때보다 훨씬 더 많은 두려움을 느낄 것이다. 또 불확실성에 대한 불안과 염려가 따르기 마련이다. 그러나 성공한 사람들은 대부분 그런 두려움이나 불안을 극복하고 도전하여 성공한 것이다.

마흔, 다시 도전을
시작하라

　세상일이 자기가 마음먹은 대로 순조롭게 풀려 성공한 사람은 많지 않다. 현재 큰 성공을 거둔 사람들은 모두 자기 나름대로의 어려움과 고난을 극복하고 실패를 경험하면서 한 걸음 한 걸음씩 이루어 낸 사람들이다.

　누구나 행복한 자신의 모습을 그리며 살아간다. 좋은 배우자를 만나서 행복하게 살기를 바라고, 원하는 직장에 들어가서 안정된 수입으로 살기를 바라며, 암이나 큰 병에 걸리지 않고 건강하게 살기를 원한다. 안타깝게도 누구나 모두 이렇게 살 수는 없다. 때때로 이혼이라는 아픔을 겪기도 하고, 십여 년 이상 다니던 회사에서 아무런 잘못도 없이 명퇴라는 이름으로 쫓겨나기도 한다. 이런 불행한 일들은 대부분 40대에 일어나는 경우가 많다는 점에 문제가 있다.

하지만 우리가 잊지 말아야 할 점은 40대 이후에 도전하여 성공한 사람들은 대부분 인생 초창기에 겪은 고통을 이겨낸 사람들이라는 점이다. 우리 주변에는 그런 사람들이 수없이 많다. 따라서 우리도 다시 한 번 일어나서 성공을 향한 도전을 할 수 있다.

박춘희는 이혼의 아픔을 겪은 후 분식집을 열었으나 몇 년 만에 접었다. 이후 37세라는 늦은 나이에 사법시험에 도전하여 9전10기만인 46세에 드디어 합격하여 변호사가 되었다. 그리고 나중에는 구청장까지 되었다. 행복을 꿈꾸던 결혼생활은 아쉽게도 이혼으로 끝났지만 이혼의 아픔을 이겨내고 더 나은 미래를 위해 마흔이 가까운 나이에 사법시험에 도전하여 성공을 이루어 낸 것이다.

연매출 2조 2천억 원인 대만의 자전거 회사 자이언트의 창업자 킹 리우 역시 젊은 시절에 손대는 일마다 실패를 경험했다. 그러나 그는 '실패도 쌓이면 노하우가 된다'는 말을 되뇌면서 스스로 격려했다. 여러 번의 실패에도 그는 좌절하지 않았다. 7전8기의 정신으로 도전하여 결국 자전거 사업에서 성공했다.

커넬 샌더스는 1,008번의 거절과 실패 끝에 후원을 얻어서 켄터키프라이드 치킨을 만들었다. 그때 그의 나이는 65세였다.

모두가 똑같은 위치에서 출발하는 것은 아니다. 누구는 조금 앞서 출발하고, 누구는 조금 뒤에서 시작하기도 한다. 출발이 다 다르듯이 결승점에 도착하는 것도 다 다르다. 하지만 필요한 것은 용기와 희망을 잃지 않는 것이다. 왜냐하면 우리는 아직 결승전에 도착

한 것이 아니기 때문이다.

토스카니니는 첼로를 연주하던 소년시절, 심각한 근시로 악보를 볼 수 없었다. 쉬운 악보조차 볼 수 없어 연주를 할 수 있는 기회를 잃기도 했다. 하지만 토스카니니는 실망하지 않고 남들보다 몇 배의 시간을 들여 모든 악보를 외워서 연주하는 것으로 상황을 극복해 나갔다. 앙상블이 중요한 오케스트라의 경우에는 자기 파트의 악보만 볼 줄 알면 되는 것이 아니기 때문에 모든 악보를 다 외워야만 했다. 당연히 많은 시간과 노력이 필요했다. 어느 날 그에게는 근시라는 불행이 오히려 행운으로 찾아 왔다. 중요한 연주가 있던 당일에 오케스트라 지휘자가 나오지 않았다. 다른 지휘자를 찾아야 하는데 마땅한 지휘자가 없었다. 지휘자는 오케스트라 전원의 악보를 볼 줄 알아야 하는데, 단원 중에 토스카니니 외에는 악보를 모두 볼 줄 아는 사람이 없었다. 그리하여 모든 악보를 외우고 있는 토스카니니가 지휘를 맡게 되었다. 그는 그날의 연주를 성공적으로 마치면서 지휘자의 반열에 올라섰으며, 그후 20세기 최고의 지휘자로 인정받게 되었다.

실패와 패배는 다른 것이다. 실패는 긴 인생을 살아가면서 만나게 되는 크고 작은 돌부리와 같다. 돌부리에 걸려서 넘어지기도 하고 무릎이 벗겨지기도 하지만 그것 때문에 죽지는 않는다.

인생길에서 언덕을 만났다고 정상을 향해 올라가기를 포기할 것인가? 언덕 한 개를 넘겼더니 또 다른 언덕이 보인다고 주저앉을 수는 없다. 겨우 이제 인생의 중반에 도달한 40대이다. 실패는 자기가 인정하지 않는 한 패배가 아니다. 오히려 자기를 훈련시키는 단련의 수단이요, 성공의 밑거름이다.

마흔 이전의 삶은 아직 반환점에도 이르지 않은 것이다. 따라서 앞으로 많은 시간이 남아 있다. 이제 마음을 굳게 먹고 일어서야 한다. 인생의 후반전이 시작되었다. 후반전의 위대한 성공을 위해 더욱 많이 노력하고, 더욱 열심히 뛰어야 한다.

08

행복한 노후를 원하는 마흔에게

: 자산관리의 포인트를 체크하라

과거처럼 자녀의 성공이 곧 부모의 성공이던 시절은 끝났다.
자녀가 부모의 노후를 책임지는 시대도 아니다.
따라서 적정한 자녀교육비 지출과 현명한 자산관리를 시작해
행복한 노후의 발판을 마련해야 한다.

: 자산관리의 포인트를 체크하라

자녀교육비에
노후의 행복이 결정된다

　현재 50대 이상의 중장년들은 불과 얼마 전까지만 해도 은퇴하는 그날까지 죽도록 일하고 나머지 시간은 죽음을 기다리며 생을 정리하는 것을 당연한 일로 생각했다. 그리고 그들이 모아온 자산들을 모두 자식들에게 남김없이 물려주는 것이 순리라고 생각했던 세대였다. 이러한 모습은 '노후준비'라는 말이 없던 시절, 즉 자식 농사가 노후준비로 연결되던 시절에나 통하는 말이었다. 하지만 지금은 100세 시대를 맞이하여 실질적인 은퇴연령은 71세이고, 가장 많이 사망하는 나이가 88세이다.

　이렇게 장수를 하는 시대를 맞이하여 오늘날 40대들이 노후준비를 제대로 하지 못하는 이유 중에 가장 큰 것이 '자녀교육비'다. 2018년 초·중·고등학교의 사교육비 조사결과에 따르면 연간 사교육비 총액은 약 19조 5천억 원으로 1인당 월평균 사교육비는 26만 6천 원으로 나타났다. 그러나 조사의 실제 참여율은 전체 학생의 67.8%였기 때문에 실질적으로 학생의 1인당 사교육비는 훨씬 더 높아지게 된다. 또한 학생 1인당 사교육비는 초등학생이 30만 2천 원, 중학생이 43만 1천 원, 고등학생이 49만 9천 원으로 학년이 위로 올라갈수록 증가하고 있다. 결국 우리나라 학생들의 70%가 사교육을 받고 있으며, 사교육을 받는 학생들은 1인당 월평균 38만 원 정도의 비용을 지출하고 있는 것이다. 중산층의 경우 가구 소득의 10.3%를 사교육비로 부담하는데, 자녀가 2명만 넘어도 소득의 20.6% 이상이 사교육비로 지출되고 있는 것이 현실이다.

중산층의 경우 자녀가 어린 30대에는 상대적으로 사교육에 대한 비용부담이 덜하다가 40대가 되면서 급격하게 늘어나는 모습으로 나타난다. 자녀 1인당 사교육 개수도 30대에는 1.05개에서 40대에는 1.51개로 늘어났다.

가족보건복지실태조사에 의하면 2016년에 자녀가 대학을 졸업할 때까지 22년간 1인당 총양육비는 4억 3천만 원이 소요되는 것으로 나타났다. 자녀가 사교육을 전혀 받지 않는 경우에는 대학까지 약 4천만 원이 필요하다. 하지만 사교육을 전혀 받지 않을 수 없으니 최소한으로 가정해 보더라도 9천만 원, 약 1억 원에 가까운 예산이 필요한 것으로 조사되었다.

자녀의 미래를 걱정하는 부모의 입장에서 학력이 우선시되는 사회적 분위기가 지속되는 한 사교육을 완전히 배제할 수는 없을 것이다. 최고 수준의 공교육과 사교육을 동시에 지원한다면 자녀 교육에 들어가는 예산은 3억 원을 훌쩍 넘는 금액이다.

상황이 이렇다 보니 노후준비를 제대로 하지 못하는 가장 큰 이유 중의 하나가 자녀교육이라는 말이 나오고 있다. 그러나 노후생활이 시기적으로 자녀교육 뒤에 있을 뿐 자녀교육보다 덜 중요한 사항은 아니다. 오히려 더 중요할지도 모른다. 부모의 불안한 노후생활은 결국 자녀에게 부담으로 작용할 수 있다. 따라서 재무 설계 관점에서 보면 자녀교육과 노후준비는 동등한 가치가 있다고 할 수 있다.

자녀교육에 관해서는 사람마다 차이가 있을 수 있기 때문에 적정 수준을 정하기는 힘들지만 중요한 것은 계획적인 지출이 될 수 있도록 자녀교육에 관하여 명확한 원칙을 정해 놓는 것이 현명하다. 적정한 자녀교육비에 대한 원칙은 다음과 같다.

첫째, 사교육비와 노후준비 비율을 1대 1로 정한다. 2018년 기준으로 1인당 월평균 사교육비가 38만 7천 원이므로 노후준비를 자녀교육과 동등한 가치에 둔다면 월 30만 원 정도의 자금을 노후준비를 위해 저축한다. 월 30만 원을 연 4%의 수익률을 가정으로 30년간 적립하면 2억 원 정도의 노후준비 자금을 마련할 수 있다. 노후자산 2억 원은 국민연금과 같은 공적연금과 더불어 안정적인 생활을 할 수 있다.

둘째, 자녀 1인당 총교육비는 소득의 10%를 넘지 않게 한다. 2018년 회사원들의 연봉이 평균 3,754만 원인 것으로 나타났다. 월 평균 소득이 366만 원 정도 되는 셈이다. 이를 기준으로 사교육은 물론 기본적인 공교육을 넘어서는 각종 사립학교 비용까지 포함한 1인당 총 자녀교육비는 가구 소득의 10% 선에서 정하는 것이 바람직하다.

셋째, 최소 5년 전부터 미리 준비한다. 자녀교육비에 목돈이 필요하다면 때가 되어 지출하는 방법보다 미리 준비하는 것이 좋다. 예를 들어 자녀가 초등학교에 들어가면 특목고나 자사고 등록금을, 중학교에 입학하면 대학교 등록금을 준비하는 것이다.

과거처럼 자녀의 성공이 곧 부모의 성공이던 시절은 끝났다. 자녀가 부모의 노후를 책임지는 시대도 아니다. 따라서 부모로서 자녀를 교육시키는 것은 당연하겠지만 경제적 능력을 넘어서는 무리한 자녀교육은 가계의 재정부실로 연결될 수 있다. 이제 적정한 자녀교육비 지출은 부모 자신의 행복한 노후를 결정한다는 것을 명심해야 한다.

나에게 맞는
연금저축을 선택하라

    현재 연금저축에는 세 가지 유형이 있다. 은행에서 판매하는 연금저축신탁, 증권회사와 은행에서 판매하는 연금저축펀드, 보험사에서 판매하는 연금저축보험이다. 이 중에서 40대는 어느 것을 선택해야 노후준비에 적합할지를 고민해야 한다. 나에게 맞는 연금저축을 선택하기 전에 고려해야할 사항은 다음과 같다.

수익성이 우선이냐, 안전성이 우선이냐

    지난 수십 년간은 노후자산관리에 있어서 안전성을 우선시했다. 하지만 이제 연금저축처럼 장기간 투자해야 하는 경우에는 수익성과 안전성의 균형이 필요할 때가 되었다. 저금리시대에 수익성에 대한 고민은 반드시 필요하다.

정기적인 납입과 자유로운 납입

장기간에 걸쳐서 노후자산을 만들려고 하는 연금저축 상품의 경우 월급 등을 이용하여 자동이체로 납입하는 방법이 좋다. 자유로운 납입방식이 필요하다고 생각하면 연금저축신탁이나 연금저축펀드로 가입하는 것이 좋다.

믿고 맡기는 것이 좋은가, 자신이 직접 운용하는 것이 좋은가

연금저축보험과 연금저축신탁은 각각 가입한 보험사와 은행의 자산 역량을 믿고 연금자산을 총괄적으로 일임하는 구조이다. 반면 연금저축펀드는 가입자가 직접 선택하는 방법이다.

공시이율과 최저보증이율

공시이율과 최저보증이율은 연금저축보험에만 적용되는 항목이다. 연금저축보험의 공시이율은 시중금리와 보험회사의 자산운용수익률 등을 반영하여 매월 변동되지만, 공시이율이 아무리 하락하더라도 최소한으로 보장하는 금리가 '최저보증이율'이다.

수수료 부과 방식의 차이점

은행에서 주로 판매하는 연금저축신탁과 증권회사에서 주로 판매하는 연금저축펀드의 수수료 부과 방식은 가입자가 납입한 금액을 운용하여 쌓아놓은 적립금에 비례해서 수수료를 부과하는 적립금비례방식을 취하고 있다. 반면에 보험사에서 주로 판매하는 연금저축보험은 납입하는 보험료에 비례하여 수수료를 부과하고 있다.

확정기간연금과 종신연금

연금을 받을 때에는 정해진 기간 동안 연금을 지급받는 '확정기간연금'과 사망할 때까지 받는 '종신연금' 두 가지가 있다. 이 두 가지 상품 중에서 선택할 수 있는 연금저축 상품은 생명보험회사에서 판매하는 연금저축생명보험에 가입한 경우이다. 나머지 연금저축신탁과 연금저축펀드에 가입한 경우에는 확정기간연금으로만 받을 수 있고, 연금저축손해보험 역시 최대한 25년까지 확정기간연금만 가능하다.

이와 같은 사항들을 고려하여 40대가 자신에 맞는 연금을 선택할 때에는 세 가지 요령으로 하는 것이 현명하다.

첫째, 저금리 시대에는 수익성을 추구하는 연금펀드를 활용한다.

본인의 연령대, 투자성향 등을 바탕으로 연금저축펀드 계좌 내에서 포트폴리오 투자를 활용, 적극적인 수익률관리를 통해 연금자산을 증가시키기 위해 노력해야 한다.

둘째, 가입한 연금저축보험의 최저보증이율을 반드시 확인한다. 최저보증이율이 현재 시중금리보다 높은 경우에는 해지하거나 이전하지 말고 가능한 한 유지해야 한다.

셋째, 장수 리스크에 대비하기를 원하면 종신연금을 활용한다. 건강에 자신이 있거나 배우자와 헤어져 독거할 수 있을 가능성을 고려할 때는 종신연금에 가입하는 것이 좋다.

52

국민연금의
알파와 오메가

　2018년 현재 말도 많고 탈도 많은 것이 국민연금이다. 정부에서 새로운 안을 만들었으나 국민들의 불만이 커지자 정부는 수정을 지시했고 아직 확정된 안이 없다. 현재까지 시행되고 있는 안을 중심으로 40대의 국민연금 활용방안을 모색해본다.

　먼저 건강에 자신이 있으면 계속 밀어둔다. 국민연금은 원래 만 60세가 되어야 노령연금을 받을 수 있는 자격이 부여된다. 하지만 2018년 만 60세가 된 1959년생의 경우에는 노령연금을 받을 수 없다. 연금고갈을 우려해 노령연금 수급개시연령을 늦췄기 때문이다. 노령연금 수급개시연령이 출생년도에 따라 점차 늦춰져 1969년생 이후로는 만 65세가 되어야 노령연금을 받을 수 있다.

　노령연금을 일찍 신청할 수도 있지만 반대로 늦게 받겠다고 신청할 수도 있다. 이를 '연기연금제도'라고 하며, 최대 5년간 연금수급을 연기할 수 있다. 이 제도를 활용하기 위해서는 아무런 조건이 필요 없기 때문에 자신의 의지대로 신청할 수 있다. 1년씩 늦출 때마다 원래 연금액에 7.2%를 더해 지급되기 때문에, 최대 연기 한도인 5년까지 늦출 경우 연금액의 136%로 시작하게 된다.

20년간 국민연금을 납부한 1956년생 세 사람이 있다. 김백수 님은 56세가 되던 해에 아무런 소득이 없어 조기노령연금을 신청했고, 박평균 님은 정상대로 61세에 노령연금을 신청했다. 반면에 김장수 님은 연기연금제도를 활용하여 5년 뒤인 66세 때부터 연금을 받기로 했다. 이 세 사람의 경우를 납입원금 회수기간, 수령 총액기준 그리고 상대비교를 기준으로 평가해보았다.

수명이 점차 길어지고 있는 100세 시대라는 측면을 고려하면 김장수 님은 상대적으로 잘한 편이고, 50%에 육박하는 우리나라 노인층 빈곤을 생각하면 김백수 님도 현명하게 결정했다고 볼 수 있으며, 우리나라 평균수명을 생각하면 박평균 님도 적절한 선택을 했다고 볼 수 있다.

결론적으로 건강에 자신이 있어 오래 살 것 같으면 연금수급을 되도록 늦게 받도록 '밀고', 돈의 가치가 점점 떨어지고 어려운 복지환경을 고려한다면 가급적 빨리 받는 쪽으로 '당기'는 것이 현명한 방법이다. 아울러 연금수령 방식도 중요하다. 연금수령 방식에는 여러 가지가 있으나 많이 활용하는 방식으로는 두 가지가 있다. 하나는 정해진 기간이나 종신으로 일정 금액을 주기적으로 받는 정액형 상품이다. 이것은 주로 연금보험에서 많이 이용되는 방법으로 월급처럼 금액이 정해져 있기 때문에 생활비가 규칙적으로 확보되는 장점이 있다.

다른 하나는 정해진 기간 동안 동일한 비율로 나눠받는 정률형 상품이다. 이것은 수령 기간을 미리 정하고 연금자산을 잔여횟수 동안 같은 비율로 나누어 받는 방법이다. 규칙적인 연금수령액을 받기는 힘들지만 연금자산 규모를 일정 비율로 유지할 수 있기 때문에 정해놓은 기간 동안은 연금을 계속 받을 수 있고, 예상보다 연금자산이 빠르게 고갈되는 위험을 방지해주는 장점이 있다.

53

금융 상품을 이용한
절세 전략

　40대가 금융상품을 이용하여 절세하는 방법으로는 다음과 같은 것이 있다.

　연금저축과 IRP 모두 5년 이상의 가입을 유지하면 55세 이후 연금을 받을 수 있다는 장점이 있다. 그러나 가입자격에 차이가 있다. 개인연금인 연금저축계좌는 가입대상에 제한이 없어서 자영업자나 전업주부도 가입할 수 있다. 반면 퇴직연금인 IRP는 2017년부터 가입자가 확대되었지만 근로자, 자영업자, 공무원, 교직원, 군인 등 소득이 있는 자만 가입할 수 있다.

　IRP는 크게 '개인형 IRP'와 '기업형 IRP'로 나눌 수 있다. 개인형 IRP는 가입상이나 소득원천에 따라 적립 IRP와 퇴직 IRP로 구분된다. 적립 IRP는 퇴직연금에 가입한 근로자가 본인의 여유자금을 적립하여 노후자금을 확보하는 동시에 세액공제를 받으려는 목적으로 하는 IRP이다. 퇴직 IRP는 이미 퇴직하거나 이직 시 받는 퇴직급여 일시금을 자기 명의의 퇴직계좌로 이전하여 노후자금으로 활용할 수 있도록 운용하는 IRP이다.

기업형 IRP는 상시 근로자 10인 미만의 사업장에서 간편하게 퇴직연금을 도입한 형태로, 개인이 아닌 기업이 부담금을 납입해주고 근로자가 적립 운용방법을 결정하여 근로자 추가납입에 따라 세액공제 혜택이 적용된다.

이와 같은 상품을 비교하여 연금 절세전략을 현명하게 결정하는 것이 좋다. 비교적 자유로운 환금성과 유동성에 초점을 둔다면 IRP보다 연금저축계좌가 좀 더 적합하다. 연금저축계좌와 IRP계좌 모두를 활용하되, 연금저축계좌에 납입을 먼저 고려하고, IRP에는 세재혜택을 받을 수 있는 연 300만 원 정도까지 납입함으로써 혜택을 극대화하는 것이 합리적이라고 볼 수 있다.

연금 절세전략을 요약하면 다음과 같다.

① 먼저 연금저축계좌에 400만 원, IRP계좌에 300만 원을 넣는다.
② 연금저축계좌는 연 최대 납입 한도까지 채운다.
③ 연금저축계좌는 가족 명의로 한다.

한편 연금저축에 추가 납입하면 노후준비와 절세를 한 번에 해결할 수 있다. 연금저축에 납입 한도 1,800만 원을 꽉 채워 가입하는 것은 노후준비와 절세라는 두 마리 토끼를 잡는 방법이라고 할 수 있다. 연금저축에 납입한 금액은 연말정산 때 세액공제를 받을 수 있는 연금전략이다. 만 55세 이후에는 연금으로 수령할 수 있다. 운용기간에는 운용수익에 대해 세금을 과세하지 않아 과세이연에 따른 복리효과로 운용수익의 상승효과를 올릴 수 있다.

또한 만 55세 이후 연금으로 수령할 때 연금소득이 연간 1,200만 원 이하이면 연금소득세율이 3.3%~5.3% 저율로 분리 과세되어 노후자금 마련에 적합한 상품이 된다. 연금저축은 주로 직장에서 퇴직 후 국민연금을 받기 전까지의 소득공백기에 안정적인 노후소득원의 역할을 할 수 있다. 연금저축은 현재 판매되는 금융상품을 통틀어 세재혜택이 가장 많은 상품이다.

54

아파트 평수 늘리는 것을
중단하라

집이란 우리 인간의 삶이 시작되는 곳이다. 하루 동안 지친 몸을 이끌고 들어와서 편안히 쉴 수 있는 안식처, 사랑하는 가족들의 웃음꽃이 피어나는 지상에 세워진 낙원이다. 비가 세어도 내 집이 좋은 곳은 내가 안주할 수 있고, 편안히 쉴 수 있는 곳이기 때문이다. 그래서 사람들은 내 집을 마련하기 위해 노력하는 것이다.

사랑하는 사람과 결혼하여 결혼생활의 첫발을 디딜 때 내 집에서 시작하면 얼마나 좋겠는가. 그러나 우리나라 대부분의 젊은이들, 금수저로 태어난 일부를 제외하고는 신혼생활을 월세나 전세로 시작한다. 그리고 쉬는 날도 없이 아무리 직장생활을 열심히 한다 하더라도 부모의 도움 없이 집을 장만한다는 것은 낙타가 바늘구멍에 들어가는 것보다 더 힘들다.

신혼을 전세로 출발하는 경우에 만기가 되면 깨닫게 된다. '그때 전세를 얻지 말고 무리를 해서라도 내 집을 샀으면 좋았을 걸' 하고 말이다. 왜냐하면 집값이 오르면 덩달아 전셋값도 오르기 때문이다. 이때 우리는 고민한다. '다시 전세를 구할까? 아니면 내 집을 살까?' 여러 번의 고민 끝에 내 집을 사기로 결정하고, 가능한 수단을 동원하여 돈을 마련한다. 은행에서 대출은 물론이고, 친인척들을 염두에 두고 돈 빌려줄 사람을 구한다. 그리하여 마침내 13평도 안 되는 조그마한 내 집에 들어간다.

그렇게 3~4년이 지나서 이웃집에 사는 영자 엄마가 신규 아파트 분양에 당첨되었다며 자랑을 하고 다닌다. 얼마 지나지 않아 이웃주민들이 분양받은 아파트의 프리미엄이 1,500만 원 정도 붙었다고 한다. 그 소리를 들은 여자들은 가만히 있을 리 없다.

"여보, 우리도 청약 넣어 봐요. 혹시 알아요. 당첨될지."

그렇게 하여 통장에 있는 돈을 모조리 털어서 청약을 신청했다. 그렇게 한 후 6개월이 지나 당첨되었다는 연락을 받았다. 프리미엄으로 1,500만 원을 더 주겠다는 제안을 거부하고 입주했다. 처음으로 36평짜리 아파트에 입주하자 기뻐서 눈물이 날 지경이다. 그러나 기쁨도 잠시뿐이다. 구입 당시 받은 대출이자를 갚아나가기에 허리가 휠 지경이다. 그래도 아껴쓰고 구두쇠 소리를 들으면서 조금씩 갚아간다.

그러는 사이에 아이들은 자라고 중학생이 된 큰아이는 자신의 방이 필요하다고 한다. 또한 그동안은 몰랐는데 집이 좁다는 것을 느낀다. 그리하여 평수를 늘릴 방법을 강구한다. 이때는 자신이 깨닫기도 전에 이미 인생의 변곡점인 40대에 들어선다. 중학생과 초등학생이 된 아이들은 각자 방이 필요하게 되었고, 다시 넓은 평수의 집으로 이사를 가야만 한다.

그렇다. 우리 인생은 삶의 근원이 되는 집의 평수를 늘려가는 데에서 보람을 찾는다. 그리고 은행과 제2금융권까지 찾아다니며 대출을 받는다. 평수가 크면 대출을 더 많이 받아야 하기 때문이다. 그렇게 하여 무리다 싶을 정도로 대출과 주위로부터 빌려서 넓은 평수의 집을 구입하여 이사한다. 이때는 처음 내 집 마련할 때와 달리 감동이 없다. 왜냐하면 지나치게 많이 얻은 대출금 때문이다. 내 형편에 맞추어 살아가야 하는데, 분에 넘치는 집을 구하다 보니 빚더미에 앉게 되고 가랑이가 찢어진다. 노후준비는 남의 이야기가 되었다.

40대부터는 투자가 아닌 단순 주거용이라면 평수를 늘리려고 무리해서는 안 된다. 오늘날 40대는 회사생활이나 가정에서 미래가 확실하게 보장된 것이 없다. 회사에서는 이제 명퇴를 당하지 않더라도 위아래 눈치를 보면서 하루하루 견디어 나가야 하는 처지다. 사회가 발전할수록 극소수만이 모든 혜택을 누리고 있으며, 미래가 보장되어 있는 것이 오늘날의 현실이다. 따라서 40대에는 현실에 만족하며 사는 것이 무엇보다 중요하다.

55

전업주부의
행복한 노후준비

남녀 기대수명의 차이가 6~7년 정도 되므로 평균적으로 여성은 10년 정도를 홀로 살아야 한다. 오늘날 금수저의 자식들 빼고는 낮은 금리와 치솟는 전셋값 등의 악조건에서 살고 있다. 취업이 바늘구멍 뚫는 것보다 어려운 시대에 자식들이 자기 앞가림만 해줘도 다행인 시대다. 따라서 그 어디에도 기대지 않고 노후를 맞이할 준비를 해야 한다.

여성이기 때문에 노후준비가 더더욱 필요한 이유가 있다. 대다수의 기혼 여성들은 노후준비를 가족 단위로 하는 것이라 생각하며, 특히 노후준비는 남편이 해야 한다고 생각한다. 그러나 오늘날과 같은 삶의 환경에서는 여자들도 넋을 놓고 있어서는 안 된다.

세계보건기구에 따르면 우리나라 여성의 기대수명은 85.5세로

일본, 싱가포르 다음으로 높다고 한다. 이러한 통계에 따라 여자들은 홀로 살아야 할 기간을 대비해야 한다.

또한 여성이기 때문에 잘 걸리는 질병에 대한 의료비도 준비해야 한다. 노후준비를 할 때 간과해서는 안 되는 것이 바로 의료비다. 특히 비만과 치매 등은 남성에 비해서 여성의 발병률이 높다. 그리하여 보통 70대에 들어서면 남성의 2배가 넘는 치료비를 지출하게 된다.

그렇다면 40대 전업주부의 경우 노후준비를 어떻게 해야 할까?

노후준비의 시작은 국민연금에 가입하는 것이 최선의 방법이다. 국민연금은 평생 받을 수 있고, 사망한 후에도 배우자나 자녀 등에게 유족연금을 지급한다. 매년 물가 상승률을 반영하여 연금액도 올려준다. 국민연금은 국가가 지급하기 때문에 지급이 보장되는 유일한 연금으로 안전성이 높다.

기혼 여성도 자신의 이름으로 연금이 있어야 한다. 남편 없이 홀로 보낼 수도 있는 10년을 준비해야 하기 때문이다. 전업주부의 경우 남편의 은퇴가 곧 부부의 은퇴를 의미한다. 남편의 은퇴가 10년 정도 남은 40대 전업주부에게는 본격적인 노후준비가 필요하다.

40대 전업주부를 위한 국민연금 활용 전략은 크게 다섯 가지이다.

첫째, 소득이 없는 전업주부라면 당장 국민연금에 가입한다. 전업주부나 학생 등은 국민연금 의무가입자 대상이 아니지만 노후에 연금을 받기 위해 스스로 가입하는 임의가입자가 빠르게 늘어나고 있다. 2014년에 20만 명에서 2017년에는 30만 명을 돌파했다. 현재 만 40세 전업주부가 월 보험료 9만 원씩 20년간 총 2,160만 원을 납부하면 만 65세부터 연금으로 매월 33만 750원을 평생 받을 수 있다. 따라서 대략 20년간 2천만 원을 납입하면 노후에 20년간 8천만 원 정도를 받을 수 있다는 말이다.

둘째, 가입 기간 10년을 무조건 채워야 한다. 국민연금은 만 60세 이전 가입 기간이 10년 이상일 때 평생연금으로 받을 수 있다. 최소 가입 10년을 채우지 못하면 만 65세에 반환일시금으로 되돌려 받는다. 40대 전업주부인 경우, 만 60세가 되기 전까지 국민연금 가입 기간을 충분히 채울 수 있으므로 연금 수령에 큰 문제가 없다. 국민연금의 가장 큰 장점은 평생 받을 수 있다는 것이다. 최소한 10년을 무조건 채워 평생연금 수급권을 확보해야 한다.

셋째, 가입 기간을 늘린다. 최소 가입 기간 10년을 채우고, 가능하다면 가입 기간을 늘려야 한다. 국민연금 수령액은 본인 소득, 전체 가입자의 평균소득, 가입 기간에 따라 결정된다. 그중에서 가입 기간이 가장 영향이 크다. 20년간 월 9만 원씩 낼 때와 10년간 월 18만 원씩 낼 때의 총 납입금액은 2,160만 원으로 같지만 연금수령액은 월 330,750원과 월 225,760원으로 크게 달라진다.

넷째, 과거에 직장을 다녔다면 추납을 활용하고 가입 기간을 채운다. 결혼, 출산, 육아 등의 이유로 직장을 그만둔 경력단절 전업주부는 근무 기간이 너무 짧아 국민연금 납입 기간 10년을 못 채우는 경우가 많다. 이런 경우 추후납부제도를 활용하여 부족한 기간만큼 월 보험료를 한꺼번에 내면 최소 가입 기간 10년을 채우고 연금수령 자격을 받을 수 있다. 예를 들면 직장에서 6년 근무하다가 퇴직했으면 나머지 4년치의 월 보험료를 한꺼번에 추납하면 국민연금 최소 기간 10년을 채우고 연금수령자격을 받을 수 있다.

마지막으로 자녀가 둘 이상이면 출산 크레딧을 활용한다. 국민연금의 출산 크레딧은 2008년 이후 둘 이상의 자녀 출산 시 국민연금의 추가 가입을 인정해주는 제도이다. 자녀가 두 명인 경우 12개월, 자녀가 셋인 경우 자녀 1인마다 18개월을 추가로 인정해주는 제도이다.

40대 주부들은 장수가 축복이 될 수 있도록 하루라도 빨리 국민연금에 가입하는 것이 최선의 방법임을 깨닫고 실천하는 것이 현명하다.

[참고 문헌]

40대에 하지 않으면 안될 50가지 – 나카타니 아키히로 지음, 이선희 옮김, 바움
40대 인생경영 – 김병숙 지음, 미래의창
40대 다시 한 번 공부에 미쳐라 – 김병완 지음, 함께
40대에 도전해서 성공한 부자들 – 유동효 지음, 유노북스
상실 그리고 치유 – M. W. 히크먼 지음, 이순영 옮김, 문예출판사
상실 수업 – 엘리자베스 퀴블러 로스, 데이비드 A. 케슬러 지음, 김소향 옮김, 인빅투스
강한 형님들의 진짜 운동 – 최영민 지음, 한문화
청춘 되찾기 프로젝트 – 히비노 사와코 지음, 김치영, 강시현 공역, 좋은책만들기
인생을 바꾸는 음악의 힘 – 이현모 지음, 다울림
나 홀로 지구촌 오지여행 – 이현철 지음, 여행마인드
여행의 숲을 여행하다 – 김재기 지음, 향연
작은 여행, 다녀오겠습니다 – 최재원 지음, 드로잉메리 그림, 휴머니스트
마음이 풀리는 작은 여행 – 마스다 미리 지음, 권남희 옮김, 걷다
40대, 진짜 공부를 다시 시작할 것이다 – 이노우에 히로유키 지음, 정난진 옮김, 위캔북스

마흔으로 산다는 것

초판1쇄 인쇄 2019년 3월 12일
초판1쇄 발행 2019년 3월 19일

지은이 | 박형근
펴낸이 | 임종관
펴낸곳 | 미래북
편   집 | 정광희
본문 디자인 | 디자인 [연:우]
등록 | 제 302-2003-000026호
주소 | 서울특별시 용산구 효창원로 64길 43-6 (효창동 4층)
마케팅 | 경기도 고양시 덕양구 화정로 65 한화 오벨리스크 1901호
전화 02)738-1227(대) | 팩스 02)738-1228
이메일 miraebook@hotmail.com

ISBN 979-11-88794-22-5 03220